COLLECTION **B**IBLIOTHÈQUE **L**A **L**IGNÉE

ALFRED DE MUSSET

ON NE BADINE PAS AVEC L'AMOUR

NOTES, PRÉSENTATION ET
APPAREIL PÉDAGOGIQUE PRÉPARÉS
PAR SUZIE BELLAVANCE,
PROFESSEURE AU COLLÈGE
SAINT-JEAN-SUR-RICHELIEU

TEXTE INTÉGRAL

MODULO

Nous reconnaissons l'aide financière du gouvernement du Canada par l'entremise du Programme d'Aide au Développement de l'Industrie de l'Édition (PADIÉ) pour nos activités d'édition.

Catalogage avant publication de Bibliothèque et Archives nationales du Québec et Bibliothèque et Archives Canada

Musset, Alfred de, 1810-1857
   On ne badine pas avec l'amour
   (Bibliothèque La lignée)
   Pièce de théâtre.
   Comprend des réf. bibliogr.
   Pour les étudiants du niveau collégial.
   ISBN 978-2-89593-873-6
   1. Musset, Alfred de, 1810-1857. On ne badine pas avec l'amour. 2. Musset, Alfred de, 1810-1857 - Critique et interprétation. I. Bellavance, Suzie. II. Titre. III. Collection.
PQ2369.O5 2008   842'.7   C2008-940166-2

Équipe de production

Éditeur : Sylvain Garneau
Chargée de projet : Dominique Lefort
Révision linguistique : Isabelle Maes
Correction d'épreuves : Catherine Baron
Typographie : Carole Deslandes
Maquette et montage : Guylène Lefort
Couverture : Marguerite Gouin

MODULO

*Groupe Modulo est membre de
l'Association nationale des éditeurs de livres.*

On ne badine pas avec l'amour

© Groupe Modulo, 2008
233, avenue Dunbar
Mont-Royal (Québec)
Canada H3P 2H4
Téléphone : 514 738-9818/1 888 738-9818
Télécopieur : 514 738-5838/1 888 273-5247
Site Internet : www.groupemodulo.com

Dépôt légal - Bibliothèque et Archives nationales du Québec, 2009
Bibliothèque et Archives Canada, 2009
ISBN 978-2-89593-873-6

Imprimé au Canada
1 2 3 4 5   13 12 11 10 09

Avant-propos

Créée par des professeurs de littérature enthousiastes, La Lignée accompagne l'enseignement de la littérature au collégial depuis 1980. Groupe Modulo est fier de vous présenter, sous ce nom prestigieux, une collection d'ouvrages littéraires sélectionnés pour leur qualité et leur originalité ; des professeurs d'expérience vous en faciliteront la lecture et la compréhension.

L'introduction situe l'auteur dans son époque, éclaire son œuvre dans ce qu'elle a d'original, analyse sa langue dans ce qui la distingue et son style dans ce qu'il a d'unique. Quelques précisions sont données concernant l'édition du texte à lire.

La première partie comporte le texte intégral, accompagné de notes de bas de page qui aplanissent les difficultés de langue et qui expliquent les allusions historiques ou culturelles.

En deuxième partie, deux passages ou courts textes font chacun l'objet d'une recherche lexicographique suivie de questions vous permettant de découvrir l'œuvre progressivement. Dans le premier cas, les réponses vous sont partiellement fournies ; dans le deuxième ne sont présentées que les questions. Le but est d'abord de comprendre le texte (première approche), de l'analyser (deuxième approche), finalement de le commenter, en le comparant avec un autre extrait de l'œuvre, puis avec une autre œuvre du même auteur ou d'un auteur différent (troisième approche).

Des annexes contiennent des informations nécessaires à la lecture de l'œuvre : un tableau synoptique de la vie de l'auteur et de son époque ainsi qu'un glossaire des notions littéraires utilisées dans l'analyse de l'œuvre. Suit enfin une médiagraphie composée d'ouvrages, de films et de sites Internet susceptibles de piquer votre curiosité et de vous inciter à lire d'autres grandes œuvres de la littérature.

Vital Gadbois et Nicole Simard,
directeurs de la collection « Bibliothèque La Lignée »

Table des matières

~~~~~~~~~~~~~~~~~~~~

SYMBOLES

* Les mots définis dans le Glossaire des notions littéraires sont signalés,
au fil des pages, par un astérisque.

° Les mots du texte littéraire qui sont courants de nos jours, mais qui sont
employés par l'auteur dans un sens aujourd'hui peu usité, sont signalés
au fil des pages par une pastille blanche (°); ce sens est souvent identifié
dans *Le Petit Robert 1* par l'une ou l'autre des marques d'usage ANCIENNT,
VX, VIEILLI, LITTÉR., XVIe S., XVIIe S., XVIIIe S.

Alfred de Musset (1810-1857). Estampe de Gavarni (1804-1866).

ENFANT TERRIBLE DU ROMANTISME, ALFRED DE MUSSET AURA
CRÉÉ UN THÉÂTRE QUI, LIBÉRÉ DES EXIGENCES INHÉRENTES À LA
REPRÉSENTATION SUR SCÈNE, APPARAÎT DE NOS JOURS RÉSOLUMENT
MODERNE. À LA FINESSE D'OBSERVATION DE LA NATURE HUMAINE
S'AJOUTE LE PROPOS TANTÔT DRÔLE, TANTÔT DRAMATIQUE.

SA VIE

Alfred de Musset naît le 11 décembre 1810 à Paris, dans une famille
cultivée. Celle-ci appartient à la petite noblesse, c'est-à-dire qu'elle est
d'origine, d'ancienneté ou de gloire moindre que la grande noblesse.
Il a un frère, Paul (1804-1880), de six ans son aîné, qui sera, au fil des
années, le plus fervent admirateur du talent de son cadet, et une sœur,
Hermine (1819-1905), sa benjamine. Le garçon blond aux yeux bleus
est de nature sensible et affectueuse. Toutefois, durant son enfance,
un aspect de son caractère ressort vite : l'impatience. « Dépêchez-vous
donc, maman ; mes souliers neufs seront vieux[1] ! »

    Musset fait de bonnes études et obtient plusieurs récompenses. À
17 ans, il renonce à ses études de droit, regarde du côté de la médecine,
mais la dissection de cadavres le convainc que la médecine n'est pas
pour lui. La musique et surtout le dessin, où il excelle, l'intéressent
également. Bien qu'il ait des ambitions littéraires, il se sent incom-
pétent et impatient. À son ami Paul Foucher, beau-frère de Victor
Hugo, il dira : « Je voudrais être Shakespeare[2] ou Schiller[3] : je ne fais
donc rien. »

    Dès l'adolescence, Musset commence à visiter les bordels et à
s'enivrer. On le dit d'une grande beauté. À l'âge de 18 ans, il fréquente
les salons, lieux mondains par excellence, dont celui de Charles

---

1. Paul de Musset, *Biographie d'Alfred de Musset*, Paris, Éditions Charpentier, 1888.

2. William Shakespeare (1564-1616), poète dramatique, est considéré comme un des plus
grands auteurs de la littérature anglaise. On lui doit entre autres *Roméo et Juliette*, qui
fut jouée pour la première fois le 29 janvier 1595.

3. Friedrich von Schiller (1759-1805) est un poète et un écrivain allemand.

Nodier (1780-1844), l'Arsenal, et celui de Victor Hugo (1802-1885), le Cénacle. Il est brillant, adulé par ses amis. Une année plus tard, il publie son premier recueil de vers intitulé *Contes d'Espagne et d'Italie* (1829). C'est un succès instantané. Beaucoup plus tard, Musset publiera deux autres recueils de poèmes : *Poésies complètes* (1840) et *Poésies nouvelles* (1850).

L'année 1830 se présente sous de bien tristes auspices. Sa première pièce, *La Nuit vénitienne*, présentée à l'Odéon, théâtre parisien, est un échec cuisant. Musset décide alors de ne faire que des pièces « à lire ». D'ailleurs, la publication, en 1832, d'*Un spectacle dans un fauteuil* – qui comprend, entre autres, le drame *La Coupe et les Lèvres* et la comédie *À quoi rêvent les jeunes filles* – semble confirmer le choix de l'auteur d'écrire des œuvres théâtrales qui ne sont pas destinées à la représentation. En 1832, le décès de son père, emporté par le choléra durant l'épidémie qui fera 20 000 victimes à Paris, laisse l'écrivain attristé et sans ressources financières.

Comme beaucoup d'auteurs à cette époque, Musset se tourne vers le journalisme pour pouvoir subsister. Commence alors une longue collaboration avec *La Revue des Deux Mondes*, fondée l'année précédente. Ses œuvres narratives, poétiques et théâtrales y seront publiées. En juin 1833, Buloz, le directeur tout-puissant de la revue, organise un dîner pour ses collaborateurs. Musset y fait la connaissance de George Sand. Ce sera probablement la rencontre la plus importante de sa vie, qui influencera notamment l'écriture d'*On ne badine pas avec l'amour*. Les deux écrivains sont voisins de table, elle, parce qu'elle est la seule femme de l'assemblée et lui, parce qu'il est la plus jeune découverte de Buloz. Sand, de son vrai nom Aurore Dupin, est une femme audacieuse. Elle a 29 ans, s'habille en homme, fume et a des amants. Pour ce dîner, Sand porte une veste brodée d'or et un poignard turc à la ceinture. C'est une romancière déjà célèbre : elle a publié, l'année précédente, deux romans qui ont connu du succès, *Indiana* et *Valentine*. Un mois plus tard, Musset et Sand deviennent amants (voir la page 4).

Alors que le couple fait un séjour à Fontainebleau, non loin de Paris, Musset est la proie d'une crise hallucinatoire, appelée *autoscopie*. Cet incident inquiète George Sand, mais ne l'empêche pas de partir avec son compagnon en décembre 1833 vers l'Italie, Venise plus précisément. Elle espère, par ce voyage, éloigner Musset de sa vie de débauche, de l'alcool et du jeu.

Tout ne s'y passe malheureusement pas comme prévu. À peine sont-ils arrivés que George Sand a des problèmes de santé : elle souffre probablement d'une dysenterie et quitte peu sa chambre. Musset, habitué à vivre dans un tourbillon, s'ennuie et retourne à ses vices, mais il tombe malade à son tour. Il fait de la fièvre, il délire. Sand, remise de sa maladie, le soigne avec dévouement. De plus en plus inquiète de l'état de son compagnon, elle fait venir à son chevet le docteur Pietro Pagello qui l'avait soignée à son arrivée à Venise. Pagello fait une cour empressée à Sand. Avant même la guérison complète de Musset, Sand cède à ses avances.

Comme on l'a dit précédemment, lors de la maladie de son amante, Musset s'est remis à l'alcool et aux femmes. Il déclare même à Sand : « Je m'étais trompé… je ne t'aime pas. » Trop affaiblie alors pour le quitter, George Sand accepte de vivre avec lui en bonne camaraderie. C'est donc libérée par Musset lui-même qu'elle commence cette liaison amoureuse avec Pagello.

Toutefois, rien n'est simple avec Musset. Il se sent trahi et, sous le coup de la douleur, il quitte la ville italienne et rentre à Paris en avril. À son retour, il écrit *On ne badine pas avec l'amour*. Bien que séparés, Sand et Musset entretiennent une relation épistolaire abondante et ardente.

Au mois d'août, Sand rentre à son tour à Paris et revoit Musset. Commence alors une suite interminable de réconciliations et de ruptures. Leurs amours tumultueuses défraient les chroniques et font parler le Tout-Paris. Leur histoire sentimentale atteint les sommets les plus romantiques lorsque George Sand, lassée de tout cela, fait parvenir à Musset ses cheveux coupés et déposés dans un crâne humain. Bien qu'ému par ce romantisme macabre, Musset,

Alfred de Musset (1810-1857) et George Sand
(1804-1876). Détail du triptyque « Venise », peint
par Jean-Jules-Antoine Lecomte de Noüy (1842-1928)
et présenté au Salon des artistes français de 1912.

de retour à sa vie de libertin, ne sait plus comment aimer Sand. Les amants terribles se séparent définitivement peu de temps après. Cette relation, qui n'aura duré qu'un an et demi, reste une des plus célèbres histoires d'amour. *La Confession d'un enfant du siècle* (1836) relate cette période agitée et souffrante de la vie de l'auteur.

Pendant ces dernières années de drames amoureux, Musset a su créer des personnages profondément humains et vrais, souvent contradictoires, comme chacun de nous l'est parfois. Ses personnages, tant féminins que masculins, traduisent ses pensées, ses angoisses et parfois ses révoltes. Tous se questionnent sur le sens de leur vie. De grandes œuvres sont nées de cet amour entre George Sand et Alfred de Musset. Au début de la liaison, Musset compose *Fantasio* (1834). À son retour de Venise, il écrit, avant la fin de l'année, *On ne badine pas avec l'amour* et *Lorenzaccio*, pièce dont Sand lui aurait fait cadeau du sujet. Cette pièce, unique en son genre, a souvent été mise en parallèle avec le drame shakespearien, notamment en raison de la satire* des mœurs et de l'association du comique et du tragique.

Jusqu'en 1837, Musset écrit des pièces remarquables qui reflètent davantage de maturité. Plus centré sur les femmes, il les présente victorieuses, plus équilibrées et rompues aux aléas de la vie. C'est le cas, entre autres, dans *La Quenouille de Barberine* (1835), *Le Chandelier* (1835), *Il ne faut jurer de rien* (1836) et *Un caprice* (1837). Musset est sans doute un «féministe» avant l'heure, qui aime les femmes dans ce qu'elles sont profondément et dans ce qui les différencie des hommes.

À partir de 1846, Musset est enfin reconnu comme un auteur dramatique de talent, mais il écrit moins. En 1848 et plus tard en 1850, certains de ses proverbes – dont *Il faut qu'une porte soit ouverte ou fermée, Il ne faut jurer de rien* et *Le Chandelier* – sont présentés sur scène et remportent un certain succès. Les quelque dix dernières années de sa vie sont consacrées à son théâtre ; il remanie surtout ses textes déjà écrits et surveille les répétitions.

Tombeau d'Alfred de Musset (1810-1857) au cimetière du Père-Lachaise.

Alfred de Musset meurt à Paris le 2 mai 1857. Il a 47 ans. Il est enterré au cimetière du Père-Lachaise. Sur son tombeau (voir la page ci-contre), plusieurs générations de saules se sont succédé ; la terre du Père-Lachaise étant peu propice à cette sorte de plantation, on doit les remplacer fréquemment. On peut lire ces vers sur la pierre tombale qui marque le lieu de repos d'Alfred de Musset :

« MES CHERS AMIS, QUAND JE MOURRAI,
PLANTEZ UN SAULE AU CIMETIÈRE.
J'AIME SON FEUILLAGE ÉPLORÉ ;
LA PÂLEUR M'EN EST DOUCE ET CHÈRE,
ET SON OMBRE SERA LÉGÈRE
À LA TERRE OÙ JE DORMIRAI. »

(Première strophe de « Lucie »,
Poésies nouvelles, 1836-1852)

DU « VAGUE DES PASSIONS » AU « MAL DU SIÈCLE »

Le XIXe siècle français se caractérise par d'importants bouleversements. La fin du XVIIIe siècle et le début du XIXe siècle voient la Ire République (1792-1804) naître. C'est une période sanglante dont Napoléon Bonaparte (1769-1821) sort vainqueur. En 1804, il devient empereur et son règne durera environ dix ans. Sous sa gouverne, la France connaît un important redressement économique.

Les guerres de conquêtes napoléoniennes alimentent certains auteurs durant les premières années du siècle. Toutefois, c'est surtout la chute du Ier Empire en 1814 qui marque la littérature. Tout ce qu'a fait naître l'Empire, notamment les rêves de gloire et les espoirs d'une France différente tant sur le plan politique que social, est anéanti. On assiste à l'émergence d'un sentiment de tristesse et de désabusement que Chateaubriand appelle « le vague des passions » et Musset, plus tard, « le mal du siècle ».

Le retour à la monarchie, qu'on appelle la Restauration (1814-1830), ne se fait pas sans heurts. Louis XVIII (1755-1824), dont le règne s'étend de 1814 à 1824, essaie de concilier les acquis de la

Révolution (1789) et de l'Empire (1804-1814). Charles x lui succède. L'attitude autoritaire de ce dernier en dérange plus d'un. Il doit abdiquer en 1830 à la suite d'un soulèvement populaire de trois jours en juillet 1830 (les « Trois Glorieuses »). Toutes ces années de monarchie voient le combat de deux noblesses : la noblesse d'Empire, récemment établie par Napoléon, et l'ancienne, affaiblie par la précédente mais restée attachée à la monarchie et au roi. Parfois ennemies, parfois alliées, ces deux noblesses assistent impuissantes à l'apparition d'un nouveau pouvoir, celui de la bourgeoisie.

La révolution de Juillet de 1830 et, plus précisément, l'arrivée de Louis-Philippe Ier au pouvoir créent une certaine inquiétude. Le roi « bourgeois » met de l'avant le laisser-faire économique et la libre concurrence. Pendant que la bourgeoisie d'affaires s'enrichit, encouragée par le souverain et ses ministres, la misère ouvrière s'accroît. En 1848, Louis-Philippe devra abdiquer à son tour, en raison d'une prise de position contre le peuple, qui réclame une réforme politique importante et une plus juste répartition des richesses. D'autres régimes suivront, certains plus courts que d'autres, qui conduiront la France à abandonner pour de bon la monarchie et à revenir une fois pour toutes à un régime républicain (1870).

Pour bien comprendre le romantisme, c'est le retour de la monarchie (1815-1830) qu'il importe de retenir, car pour les enfants nés sous la gloire napoléonienne (1799-1814) et élevés dans le souvenir de la Révolution (1789-1799), ce retour est perçu comme un recul.

LE DRAME ROMANTIQUE

La Révolution française est encore fraîche dans la mémoire collective et son souvenir est soigneusement entretenu par l'Empire. Un important courant littéraire se forme alors, le romantisme (1823-1843). Né de la désillusion des échecs de la Révolution de 1789 et de la chute de l'Empire (1814), il se caractérise par la place accordée à l'expression des sentiments et des sensations. On écrit tantôt en vers, tantôt en prose. Les auteurs de ce courant se réclament des œuvres de Shakespeare et de la littérature européenne produite au tournant du XVIIIe siècle.

Leur projet est de représenter, par le truchement de la littérature, les préoccupations sociales, politiques et psychologiques qui surgissent en cette fin de la Restauration.

Les caractéristiques propres au romantisme sont nombreuses et s'opposent au classicisme, le courant important du XVIIe siècle dont les règles imposées en matière de poésie et de théâtre sont encore respectées au XVIIIe siècle et en ce début de XIXe siècle. Parmi ces caractéristiques, retenons :

- la liberté : désormais, on veut abolir les contraintes imposées par les classiques, telles que la règle des trois unités* au théâtre ;
- la prépondérance du « moi » : on privilégie l'écriture à la première personne. C'est le « je » qui parle au nom de tous. Le lyrisme* personnel permet à l'artiste d'extérioriser son monde intérieur, son mal de vivre ;
- l'émotion : l'expression des sentiments, qu'ils soient beaux ou laids, est l'élément fondateur du romantisme. La raison doit être oubliée, rien ne doit brimer les émotions, ni la laideur, ni le grotesque*, ni le terrible ;
- l'absolu : on est à la recherche d'un idéal, tel que Dieu ou l'infini ;
- l'évasion : elle se traduit par le souci de « la couleur locale » (accessoires et costumes qui reflètent la réalité exotique) ; on retrouve dans la narration des précisions sociologiques, des descriptions précises, la présence de mots et de noms étrangers. L'Orient est privilégié, le but étant de faire voyager le lecteur afin qu'il puisse s'évader de lui-même ;
- la nature : c'est la nature tourmentée et mystérieuse qui intéresse les romantiques ; ainsi, ces derniers préfèrent le crépuscule, la nuit ou l'automne, moments plus propices aux passions et à ses manifestations ;
- le style : il se caractérise par l'utilisation abondante de la métaphore*, de la comparaison*, de l'hyperbole*, de mots qui étonnent et parfois peuvent choquer ;
- l'intérêt pour le Moyen-Âge et sa littérature : on remet à l'honneur des thèmes laissés de côté par les auteurs classiques.

Au théâtre, c'est Victor Hugo, dans sa préface de *Cromwell*, un drame écrit en 1827, qui dépeint le mieux la théorie du drame romantique. Ainsi, en affichant un refus d'isoler en deux genres distincts la tragédie et la comédie, le théâtre romantique doit pouvoir contenir tous les genres : « Le drame tient de la *tragédie* par la peinture des passions et de la *comédie* par la peinture des caractères. » C'est surtout la règle d'unité de lieu et de temps que dénonce Hugo : « [...] toute son action a sa durée propre comme son lieu particulier ». L'unité d'action (exposition, action, dénouement) est la seule admise puisqu'il faut préserver l'action centrale, le sujet du drame. Une autre règle rejetée par les romantiques est celle de la bienséance et de la morale classiques selon laquelle, au théâtre, on ne doit pas se battre, on ne doit pas manger et... on ne doit pas mourir sur scène. Toujours selon Hugo, il faut « la liberté dans l'art », c'est-à-dire ni règles ni modèles, qui sont autant de contraintes qui briment la création artistique. Il ne faut pas non plus hésiter à faire se côtoyer le grotesque* et le sublime*, le beau et le laid, car « [t]out ce qui est dans la nature est dans l'art ».

En résumé, le drame romantique doit être créé hors de toutes contraintes et l'écrivain ne doit pas hésiter à mêler les tonalités*, à s'appuyer sur des bases historiques et à donner à son œuvre une portée sociale. Aucune couche sociale ne doit être ignorée.

MUSSET, « L'ENFANT TERRIBLE » DU ROMANTISME

Musset, grâce à son talent, devient très tôt l'enfant prodige du romantisme. Toutefois, dès 1830, ses railleries sur les excès qu'il contient (qu'on remarque surtout dans son poème *Ballade à la lune*, astre vénéré par les romantiques) finissent par froisser ses collègues du Cénacle. Dès lors, ses visites s'y espacent. Musset refuse la mission sociale de l'artiste que prônent les romantiques. Si l'auteur doit être engagé, c'est uniquement envers son œuvre. Musset préfère une écriture qui vient du cœur et qui touche directement celui de l'autre.

Le théâtre de Musset est marqué par la dualité de sa propre personne. Toute sa vie, « l'enfant terrible » a recherché l'amour parfait, mais s'est enfoncé dans la débauche et l'alcool ; il a profondément désiré trouver le bonheur, mais s'est délecté de sa douleur; il s'est enthousiasmé beaucoup, mais a cultivé tout autant le scepticisme. Ainsi, ses personnages sont tantôt mélancoliques, tantôt spirituels, tantôt libertins. Ses thèmes les plus fréquents portent sur la fragilité des sentiments, sur l'amour qui fait souffrir et sur la vulnérabilité de l'être humain.

Ce que Musset préfère, c'est la comédie, avec laquelle il a des affinités certaines. Deux types de personnages retiennent notre attention dans les comédies et les proverbes de Musset. Il y a les grotesques, êtres ridicules, aux habitudes souvent un peu vulgaires ou proprement sottes, et il y a les beaux, les êtres intelligents vivant de vibrantes passions. Les héros de Musset trahissent souvent ses espoirs et ses souffrances; certaines de ses héroïnes ont sa lucidité et l'aspect des femmes qu'il a aimées. Tous recherchent l'amour, seul sentiment vrai. Certains n'y parviennent jamais ou s'enferment dans le badinage; d'autres, malgré de nombreux détours, arrivent à le trouver. Pour Musset, «enfant du siècle», il faut dire l'homme de son époque dans ses sentiments et ses espoirs, mais surtout dans ses douleurs.

LE PROVERBE

L'origine de ce genre remonte au XVIIIe siècle. C'est une petite pièce mondaine d'un acte qui doit illustrer un proverbe, c'est-à-dire une vérité admise ou à admettre, que l'auditoire doit trouver et formuler bellement, à la façon d'une morale. Carmontelle (Louis Carrogis, 1717-1806), ami du grand-père maternel de Musset (le magistrat et poète Guyot-Desherbiers) en est le grand maître. À la fin du XVIIIe siècle, le proverbe est très à la mode dans les salons littéraires et mondains, mais son évolution est temporairement interrompue par la Révolution et par le Ier Empire. Il revient sous la Restauration, grâce surtout à Théodore Leclercq (1777-1851). Le genre amuse, divertit. Il se joue dans les salons avec, pour seuls décors*, des paravents. Musset écrira son premier proverbe en 1834: *On ne badine pas avec le feu*. Plusieurs autres suivront.

ON NE BADINE PAS AVEC L'AMOUR

LE SENS DU TITRE

Le titre de cette pièce exprime une vérité admise et une mise en garde à peine voilée. Le «on», pronom personnel indéfini, se rapporte à l'humain sans distinction de sexe; le présent de l'indicatif donne à une vérité universelle un sens encore très actuel; la négation suggère une interdiction. Il y a dans ce titre un désir de dénoncer le langage léger et frivole du discours entre amants et de se méfier de la sincérité apparente dans le comportement amoureux. La mise en garde d'*On ne badine pas avec l'amour* touche donc au comportement amoureux et à son expression.

On ne badine pas avec l'amour n'est pas seulement inspiré des proverbes de salon que Musset connaît bien. C'est davantage une morale inspirée des amours troublantes et déchirantes de ce dernier. Bien sûr, la passion qu'il a vécue avec George Sand, mais aussi les autres qu'il a connues après sa relation avec elle. Cette œuvre nous livre une morale : l'amour n'est ni un jeu ni un amusement, c'est un sentiment qu'on doit prendre au sérieux.

À LA FOIS UN DRAME ET UN PROVERBE

Musset a réuni, dans la pièce *On ne badine pas avec l'amour,* le drame romantique et le proverbe. Du drame romantique, il a gardé le mélange des tonalités*. En effet, des scènes comiques* (scènes 1 et 5 de l'acte I; scènes 2 et 4 de l'acte II) côtoient des scènes lyriques* (scène 4 de l'acte I et scène 3 de l'acte III) et d'autres pathétiques* (scène 5 de l'acte II; scènes 2, 6 et 7 de l'acte III). Quant à la dernière scène (scène 8 de l'acte III), elle est assurément tragique*, puisqu'on assiste à la mort de Rosette. Musset a multiplié les décors (environ une dizaine) et a également utilisé un bon nombre d'artifices propres au genre : échanges de lettres, rendez-vous successifs et situations typiques comme le témoin caché (scènes 3, 6 et 8 de l'acte III).

Du proverbe, l'auteur a retenu l'image du curé. Gourmand, l'homme d'Église se pointe toujours à l'heure des repas, il peut ainsi boire et manger à satiété sans débourser le moindre sou. C'est aussi un être complaisant qui veille à ne pas s'opposer aux désirs de son bienfaiteur. Musset a aussi emprunté le langage mondain utilisé dans les salons, tous ses personnages s'exprimant dans une langue soignée.

L'originalité de Musset réside dans son choix de réunir le drame romantique et le proverbe. À cela, il ajoute une note toute personnelle, soit la présence d'un chœur*. Personnage du théâtre de l'Antiquité, son apparition dans une pièce romantique a de quoi étonner !

UNE PIÈCE… À LIRE DANS UN FAUTEUIL

On ne badine pas avec l'amour paraît pour la première fois le 1er juillet 1834 dans *La Revue des Deux Mondes* et, en août de la même année, dans le recueil *Un spectacle dans un fauteuil*, tome 2, à la librairie de *La Revue des Deux Mondes*. Après l'échec de *La Nuit vénitienne*, Musset ne veut plus écrire du théâtre destiné à être joué. Ce choix va lui permettre de prendre de grandes libertés, notamment avec les lieux et les décors. Ainsi libéré de la tradition théâtrale de l'époque qui exige des décors lourds et un mobilier encombrant, Musset décide d'écrire des pièces pour que le lecteur puisse les lire… en étant confortablement assis. Le génie créateur de l'auteur trouve sa plus belle expression dans cette audace nouvelle : le « spectacle dans un fauteuil ».

UN DÉFI POUR LES METTEURS EN SCÈNE

La première représentation d'*On ne badine pas avec l'amour* a lieu le 18 novembre 1861 à la Comédie-Française, soit vingt-sept ans après sa publication et quatre ans après la mort de son auteur. C'est à Paul de Musset qu'on a confié la tâche de rendre la pièce propre à être jouée. Cette version retravaillée a sans aucun doute dénaturé la pièce, car au nom de la censure et de la difficulté de la mettre en scène, Paul de Musset a retranché l'essence même de la pièce. Ainsi, dans cette version, il a éliminé toutes les critiques anticléricales : maître Blazius devient un précepteur laïc et maître Bridaine, un tabellion (c'est-à-dire une sorte d'assistant notaire). En dépit de la suppression de beaucoup de répliques, la critique juge encore la pièce, malgré tout, un peu irrespectueuse…

De plus, pour rendre la pièce «jouable», on réduit le nombre de décors: de dix-huit qu'ils étaient dans le texte initial, il en reste trois: la salle d'entrée du château, la lisière d'un bois et le petit salon du château. On retire donc la chambre de Camille et l'oratoire. Ce faisant, le texte y perd beaucoup, tout comme l'intensité dramatique. La réception est mitigée: la pièce, ainsi amputée d'éléments importants, déconcerte le spectateur.

En 1917, on présente *On ne badine pas avec l'amour* pour la première fois dans sa version originale, mais le problème d'adaptation scénique demeure. En 1923, grâce à l'invention d'un dispositif de plateau tournant, on crée une première mise en scène à la Comédie-Française qui se rapproche davantage du texte de Musset. Cependant, l'une des plus grandes mises en scène sera celle de René Clair (1898-1981), beaucoup plus tard, en 1959, au Théâtre national populaire, dirigé par Jean Vilar (1912-1971). Gérard Philipe (1922-1959) tenait le rôle de Perdican et Suzanne Flon (1918-2005), celui de Camille (voir la page 90). Tous s'entendent pour souligner l'interprétation remarquable de Gérard Philipe. Ce fut d'ailleurs le dernier rôle de l'acteur au théâtre.

Il est à noter que la scène 5 de l'acte II, analysée aux pages 122 à 131, est encore de nos jours utilisée à l'audition du concours d'entrée au Conservatoire en France. De nombreuses écoles de théâtre utilisent également *On ne badine pas avec l'amour* pour faire travailler les apprentis acteurs.

Au Québec, la pièce a été jouée à plusieurs reprises, notamment à Montréal, en mars 1964, au Théâtre du Rideau Vert, dans une mise en scène de Jean Faucher, avec Monique Millaire en Camille et Benoît Girard en Perdican. Plus tard, durant la saison 1990-1991, elle a été à l'affiche au Théâtre du Nouveau Monde, dans une mise en scène d'Olivier Reichenbach, avec Sophie Faucher en Camille et David La Haye en Perdican (voir la page 62). La même année, à Québec,

Albert Millaire signait la mise en scène de la pièce au Trident avec Marie-Thérèse Fortin en Camille et Jacques Baril en Perdican (voir la page 38). Plus récemment, à l'automne 1997, au Gesù à Montréal, la Compagnie Longue Vue a présenté la pièce de Musset, dans une mise en scène de Danielle Fichaud, avec Geneviève Rioux en Camille et Normand d'Amour en Perdican.

Si *On ne badine pas avec l'amour* est encore si souvent jouée, c'est parce qu'elle porte les germes d'un théâtre nouveau, moderne de par son sujet et son mélange des genres, et surtout de par l'intemporalité de l'action qui, bien au-delà de l'époque romantique, se place au cœur de l'éternelle difficulté d'aimer.

LES LIEUX

Tous les lieux sont annoncés de façon vague. Souvent, dans ses di-dascalies*, Musset utilise des déterminants spatiaux indéfinis ou incertains : par exemple, « Une place devant le château », « Une fontaine dans un bois ». Cette imprécision dans la localisation de l'action, qu'elle soit volontaire ou non, laisse place à l'imagination du lecteur.

La pièce se passe dans un château et ses environs (village et boisé). Selon les didascalies*, six scènes ont lieu dans six décors dif-férents à l'intérieur du château. Les deux scènes les plus intimes et les plus tragiques sont celles qui se déroulent dans la chambre à coucher de Camille (scène 6 de l'acte III, où l'on découvre la nature fugace des sentiments de Perdican envers Rosette) et celle dans l'oratoire (scène 8 de l'acte III, où l'on assiste à la mort de Rosette).

Neuf scènes – probablement dix si l'on pense à la scène 4 de l'acte III – ont lieu dans cinq décors d'extérieur. La présence du chœur porte à croire que cette scène se passe à l'extérieur, devant le château, mais le lieu sans doute le plus important est celui de la scène 5 de l'acte II et de la scène 3 de l'acte III, c'est-à-dire une fontaine dans un « petit bois ». C'est dans ce lieu romantique qu'ont lieu les rendez-vous de Perdican, le premier avec Camille (scène 5 de l'acte II), le deuxième avec Rosette (scène 3 de l'acte III).

Dans deux scènes (scènes 5 et 7 de l'acte III), aucun lieu n'est mentionné. Ce sont probablement des scènes d'intérieur. Enfin, deux lieux n'apparaissent pas dans la pièce. Pourtant, ils sont souvent mentionnés et ont une valeur symbolique. Il s'agit du couvent, endroit retiré qui devient l'obstacle à l'amour entre Camille et Perdican, et de Paris, qui s'oppose au couvent parce que cette ville symbolise le plaisir et l'existence mondaine de Perdican.

LE TEMPS ET L'ÉPOQUE

La pièce se déroule en trois jours et chaque acte « dure » vingt-quatre heures. Ces journées sont présentées en fonction du repas du midi (scènes 2 et 3 de l'acte I ; scènes 2 à 5 de l'acte II ; scène 2 de l'acte III). Tout en soulignant la boulimie de Blazius et de Bridaine, ce moment fait croire à la fête qui devra se dérouler au château pour le retour de Perdican et de Camille, car si le souhait du baron s'était réalisé, tous, invités du château et villageois, auraient participé aux réjouissances. Réjouissances, sans nul doute, accompagnées de bonne nourriture et de bons vins.

L'époque est donnée très vaguement dans la pièce. Tout porte à croire qu'il s'agit de l'Ancien Régime, période qui se situe entre le XVIᵉ siècle et la fin du XVIIIᵉ. Le seul indice que nous ayons vient des propos du baron à propos de la Cour (scène 2 de l'acte I, lignes 104 à 109, et scène 7 de l'acte III, lignes 1212-1213).

L'ACTION

La pièce repose, d'une part, sur le mariage de Perdican et de Camille, souhaité par le baron, et, d'autre part, sur un simulacre d'amour de Perdican envers l'innocente Rosette, qui paiera de sa vie cette tromperie. Perdican et Camille rivalisent de nuances amoureuses et d'orgueil, mais la supercherie de Perdican envers Rosette amplifie le « badinage » et complique l'action. En effet, le jeune homme ne serait pas allé vers Rosette si sa cousine ne l'avait pas repoussé. Rosette, appât facile, deviendra la victime du jeu cruel auquel se livrent Perdican et Camille.

Même si l'action construite autour des grotesques* est bien fice-
lée, leur présence, surtout celle de Blazius et de Bridaine, ne modifie
en rien le cours de l'intrigue. À tout le moins, ces personnages
l'allègent-ils par leur côté grossier et leurs frasques.

LES PERSONNAGES
Les deux protagonistes * : Perdican et Camille
■ Perdican
Perdican a 21 ans. Il est beau, noble et distingué. Récemment reçu
docteur d'une université de Paris, il revient au château, lieu de sa
naissance. À Paris, il a connu l'amour des femmes. De là est née probablement sa conception de l'amour, qui est, selon lui, la seule chose
qui permette à l'être humain de se réaliser. Dès lors, il préfère souffrir
à cause de l'amour plutôt que de vivre sans aimer.

Pour son père, le baron, Perdican est le fils prodige qui, du
moins l'espère-t-il, deviendra bientôt le fils prodigue en lui assurant
une descendance. Pour Camille, c'est le cousin complice de ses
jeux d'enfant, mais aussi le visage de l'amour qu'elle a secrètement
entretenu. Pour Rosette, c'est le prétendant inespéré, compte tenu
de son rang social plus élevé que le sien. Enfin, pour maître Blazius,
c'est le reflet de son orgueil puisqu'il se réclame des succès de son
protégé.

Perdican n'est pas prétentieux. À son arrivée au château, il s'em-
presse de rejoindre les paysans sur la place du village pour revivre un
peu de son enfance. Sensible à la nature et aux paysages, il épate les
autres par ses connaissances en botanique. La froideur de Camille
à son endroit le déçoit profondément. Son amour-propre en prend
un dur coup. Il utilisera Rosette pour susciter la jalousie de Camille.
Il n'aura pas prévu l'extrême fragilité de Rosette, fragilité qui la
conduira à une fin tragique.

■ Camille
Camille est une jeune femme noble de 18 ans. Orpheline, elle revient
au château qui l'a vue grandir. Camille, plus que Perdican, semble

consciente de sa caste. Cela transparaît dans son comportement avec Rosette qu'elle traite parfois avec supériorité. Il y a deux femmes en Camille : la jeune fille et la jeune femme qu'elle est devenue en raison de son éducation. Camille sort du couvent et ignore l'amour. Tout ce qu'elle en sait se résume à ce que les femmes de son couvent lui ont dit. Curieuse, elle se pose des questions et exige des réponses. Comme elle a peur de l'amour et surtout de la frivolité des hommes, elle préfère se réfugier dans sa foi. Camille joue la comédie aux autres et se la joue aussi à elle-même. Insatisfaite de la conception de l'amour de Perdican, elle se dit qu'il n'y a que Dieu qui puisse l'aimer sincèrement et pour toujours sans la faire souffrir.

Elle retournera au couvent, convaincue que son aventure avec Perdican et Rosette lui donne raison et confirme ses craintes : l'amour fait mal, il peut même tuer.

Les trois témoins des protagonistes : Rosette, le chœur, Louise

■ **Rosette**

Rosette est une jeune paysanne, la fille de la nourrice de Camille. Elle a, comme Perdican, partagé les jeux d'enfant de cette dernière. Parce qu'elle est jeune et belle, fraîche de corps et d'âme, elle séduit Perdican. C'est un personnage attachant tant par sa naïveté que par son innocence. Elle veut croire à l'amour de Perdican, mais elle est consciente de sa condition sociale. Elle se méfie des attentions de ce dernier, mais sa fin tragique nous dit qu'elle n'aura pas fait assez attention.

Les sentiments qu'elle porte à Perdican causeront sa perte. Elle s'évanouit une première fois à la scène 6 de l'acte III (premier avertissement que négligent Camille et Perdican, trop pris dans leur jeu amoureux) et elle meurt de douleur à la dernière scène (scène 8 de l'acte III).

■ **Le chœur**

Pour créer le personnage du chœur*, Musset est allé puiser dans le théâtre antique. Dans *On ne badine pas avec l'amour*, c'est un groupe de paysans qui a vu grandir les trois enfants (Perdican, Camille et

Rosette). Son rôle dans la pièce est double : il fait rire les « spectateurs » par ses remarques percutantes sur Blazius, Bridaine et dame Pluche, et il commente l'action, notamment en désapprouvant le comportement de Perdican envers Rosette.

■ **Louise**
Louise, bien qu'absente de l'action, est souvent mentionnée. Pour Camille, c'est une référence. Louise est une femme expérimentée et blessée par les hommes. Compagne de cellule de Camille, c'est elle qui a détruit en quelque sorte son âme heureuse et ses espoirs amoureux. La jeune fille lui enverra une lettre (scène 2 de l'acte III) qui sera interceptée par maître Blazius. Perdican en prend connaissance. Son contenu entraîne chez lui déception et colère, et commande une riposte vengeresse. Louise sera probablement celle qui dira à Camille, à son retour au couvent, après la mort de Rosette et l'adieu à Perdican : « Tu vois, je te l'avais bien dit ! »

Les quatre grotesques* : le baron, maître Blazius, maître Bridaine, dame Pluche.
Ce qui ressort de ces quatre personnages, c'est le contraste entre la pauvreté de leur esprit et la pédanterie de leur langage. Ils se croient importants et ne réalisent pas la vacuité de leur existence. Le pire, c'est qu'ils ont réellement une certaine importance dans la hiérarchie sociale. Dans la satire que Musset fait des curés, on décèle facilement une charge anticléricale. On peut également voir cette dénonciation dans la critique de la vie du couvent et de celles qui y vivent.

Le physique des grotesques est à l'image de leurs défauts. À chacun, Musset a aussi donné un lieu de prédilection : le baron, son cabinet ; Pluche, le couvent ; Blazius et Bridaine, la salle à manger du château.

UNE COMMUNICATION IMPOSSIBLE
Tous ces gens se parlent, mais personne ne se comprend, pas plus les protagonistes que les grotesques*. Le jeu des billets en témoigne.

Au nombre de trois, ces messages écrits montrent l'incapacité d'une parole simple et sincère. Le premier billet apparaît à la scène 1 de l'acte II, où Camille écrit à Perdican pour lui donner rendez-vous. Ce mot soulève la curiosité des grotesques. Le deuxième message est celui que Camille adresse à Louise et qui est lu à la scène 2 de l'acte III par Perdican. Ce billet constitue un ressort dramatique essentiel parce qu'il changera l'attitude du jeune homme. Ce billet sème l'agitation chez les grotesques. Le troisième, à la même scène, est celui de Perdican à Camille, dans lequel il lui donne à son tour rendez-vous. L'heure de la vengeance a sonné. Les billets dans la pièce ne servent qu'à alimenter les interrogations et, surtout, à semer le doute.

Le cabinet du baron est un refuge pour cet impuissant, incapable d'articuler une pensée. Enveloppé dans son rôle de noble, c'est à lui seul qu'il pense. À la supplication de Camille : « Mais parlez-lui, au nom du ciel ! C'est un coup de tête qu'il a fait ; peut-être n'est-il déjà plus temps ; s'il en a parlé, il le fera » (acte III, scène 7, lignes 1219-1220), l'homme répond : « Je vais m'enfermer pour m'abandonner à ma douleur. Dites-lui, s'il me demande, que je suis enfermé, et que je m'abandonne à ma douleur de le voir épouser une fille sans nom » (acte III, scène 7, lignes 1221 à 1223).

Camille et Perdican ont badiné. Ils ne se sont pas réellement écoutés. Imprudents avec les mots, ils le sont devenus avec les sentiments.

QUAND L'ORGUEIL SE MÊLE DE L'AMOUR

Ceux qui font obstacle à l'amour dans la pièce, ce ne sont ni le baron ni Rosette, mais bien Camille et Perdican eux-mêmes. C'est en eux ou plutôt dans leur orgueil que se dresse cet obstacle. Perdican est blessé dans son amour-propre par l'attitude de Camille. Même quand cette dernière lui explique sa vie, l'influence de Louise et ses appréhensions, il n'arrive pas à comprendre ses craintes ni surtout le fait que Louise ait plus de poids que lui. Camille, elle, craint non pas l'amour mais l'infidélité. Comment pourrait-elle accepter de se

voir trahie? Camille et Perdican ne pensent qu'à eux-mêmes; voilà
pourquoi aucun des deux n'est réceptif à l'autre. Camille, vani-
teuse, aimerait que Perdican s'abandonne à la douleur de se voir
rejeté. Au contraire, il court dans les bras de Rosette. Si Camille
se livre alors à un jeu cruel avec sa sœur de lait, Perdican se livre
lui aussi avec Rosette à un jeu tout aussi cruel, car il lui fait croire
à son amour.

Seule Rosette échappe à cet orgueil. Ses sentiments sont purs. Au
fond, si on exclut Rosette et le chœur, tous les personnages ont un
orgueil démesuré. Les conséquences seront tragiques et les amoureux
auront le poids d'une mort sur la conscience. Blazius est chassé du
château. Bridaine et dame Pluche retourneront à leur vie d'antan,
tous trois inconscients du drame qui s'est déroulé sous leurs yeux.
Le baron, lui, trouvera probablement plus souvent refuge dans son
cabinet…

QUELQUES PRÉCISIONS PRATIQUES

Nous avons choisi comme édition de référence pour cet ouvrage
celle de la collection «Folio théâtre» aux Éditions Gallimard (1990,
pour l'établissement du texte, et 1994, pour la préface et le dossier).
Cependant, nous nous sommes permis d'apporter les changements
suivants: nous avons ajouté le sous-titre «Proverbe dramatique
publié en 1834» pour plus de précision, et nous avons fait l'ajout
du chœur dans la liste des personnages, en raison de son apport
critique.

Les mots définis dans *Le Petit Robert 1* et dans *Le Petit Robert
des noms propres* n'ont pas fait l'objet de notes de bas de page sauf
quelques exceptions. Pour ces cas et pour les mots définis dans
le Petit lexique préparatoire, nous avons utilisé *Le Petit Robert 1*
de 2007 (la version imprimée et la version sur CD-ROM), *Le Petit
Robert des noms propres* de 1994 ainsi que *Le Nouveau Littré* de
2004. Parfois, pour obtenir plus de détails, nous avons consulté les
différents dictionnaires de l'Académie française, surtout celui de
1832-1834. On trouvera ces références dans la Médiagraphie.

L'AMOUR AVEC LES MOTS D'ALFRED DE MUSSET

Aimer est le grand point, qu'importe la maîtresse ?
Qu'importe le flacon, pourvu qu'on ait l'ivresse ?

(*La Coupe et les Lèvres*)

Étrange chose que l'homme[1] qui souffre veuille faire
souffrir ce qu'il aime !

(*La Confession d'un enfant du siècle*)

L'homme est un apprenti, la douleur est son maître,
Et nul ne se connaît tant qu'il n'a pas souffert.

(« La Nuit d'octobre »)

Une femme est comme votre ombre, courez après, elle vous
fuit ; fuyez-la, elle vous court après !

(*Namouna*)

Un souvenir heureux est peut-être sur terre
Plus vrai que le bonheur.

(« Poésies »)

C'est tenter Dieu que d'aimer la douleur.

(« Stances à la Malibran »)

---

1. *homme* : qui appartient à la race humaine. Ici, et dans toutes les citations qui suivent, le terme désigne donc autant la femme que l'homme.

LA VIE EST UN SOMMEIL, L'AMOUR EN EST LE RÊVE,
ET VOUS AUREZ VÉCU, SI VOUS AVEZ AIMÉ.

(À quoi rêvent les jeunes filles)

ÉPARGNE-TOI DU MOINS LE TOURMENT DE LA HAINE;
À DÉFAUT DU PARDON, LAISSE VENIR L'OUBLI.

(« La Nuit d'octobre »)

BLESSURES DU CŒUR, VOTRE TRACE EST AMÈRE!
PROMPTES À VOUS OUVRIR, LENTES À VOUS FERMER.

(« Le Saule »)

AIMER EST QUELQUE CHOSE, ET LE RESTE N'EST RIEN.

(« Idylle »)

OUI, FEMMES, QUOI QU'ON PUISSE DIRE,
VOUS AVEZ LE FATAL POUVOIR
DE NOUS JETER PAR UN SOURIRE
DANS L'IVRESSE OU LE DÉSESPOIR.

(« À Mademoiselle *** »)

L'AMOUR QUI SE TAIT N'EST QUE RÊVERIE.
LE SILENCE EST LA MORT, ET L'AMOUR EST LA VIE.

(« Idylle »)

SE VOIR LE PLUS POSSIBLE ET S'AIMER SEULEMENT,
SANS RUSE ET SANS DÉTOURS, SANS HONTE NI MENSONGE,
SANS QU'UN DÉSIR NOUS TROMPE OU QU'UN REMORDS NOUS RONGE…

(« Sonnet »)

AH ! QUE LE CŒUR EST UN GRAND MAÎTRE !
ON N'INVENTE RIEN DE CE QU'IL TROUVE, ET C'EST LUI SEUL
QUI CHOISIT TOUT.

(*Il ne faut jurer de rien*)

AIMER, C'EST SE DONNER CORPS ET ÂME.

(*La Confession d'un enfant du siècle*)

On ne badine pas avec l'amour

Première partie

PROVERBE
DRAMATIQUE
PUBLIÉ EN 1834

Les personnages

LE BARON
PERDICAN, son fils
MAÎTRE BLAZIUS, gouverneur[1] de Perdican
MAÎTRE BRIDAINE, curé
CAMILLE, nièce du baron
DAME PLUCHE, sa gouvernante
ROSETTE, sœur de lait[2] de Camille
LE CHŒUR, paysans
UN PAYSAN, un valet

---

1. *gouverneur*: personne à qui l'on confie l'éducation d'un enfant, d'un jeune homme ou d'une jeune femme, dans le cas d'une gouvernante.

2. *sœur de lait*: qui a eu la même nourrice. Autrefois, chez les nobles, on faisait allaiter les jeunes enfants par une femme de condition modeste, qu'on appelait «nourrice», et qui allaitait déjà un ou plusieurs enfants.

ACTE I

SCÈNE 1.
Une place devant le château.
MAÎTRE BLAZIUS, DAME PLUCHE, LE CHŒUR.

LE CHŒUR
Doucement bercé sur sa mule fringante, messer[1] Blazius s'avance dans les bluets[2] fleuris, vêtu de neuf, l'écritoire au côté. Comme un poupon sur l'oreiller, il se ballotte[3] sur son ventre rebondi, et les yeux à demi fermés, il marmotte un *Pater noster* dans son triple menton. Salut, maître Blazius; vous arrivez au temps de la vendange, pareil à une amphore antique.

MAÎTRE BLAZIUS
Que ceux qui veulent apprendre une nouvelle d'importance m'apportent ici premièrement un verre de vin frais.

LE CHŒUR
Voilà notre plus grande écuelle; buvez, maître Blazius; le vin est bon; vous parlerez après.

MAÎTRE BLAZIUS
Vous saurez, mes enfants, que le jeune Perdican, fils de notre seigneur, vient d'atteindre à sa majorité[4], et qu'il est reçu docteur[5] à Paris. Il revient aujourd'hui même au château, la bouche toute pleine de façons de parler si belles et si fleuries, qu'on ne sait que lui répondre les trois quarts du temps. Toute sa gracieuse personne

---

1. *messer*: vieux mot d'origine italienne qui signifie «messire» ou «monsieur».
2. *bluets*: petite fleur bleue d'été qui refleurit à l'automne.
3. *se ballotte*: usage amusant du pronominal qui a pour effet d'attirer l'attention du lecteur sur la grosseur du ventre de maître Blazius.
4. *majorité*: c'est-à-dire 21 ans à cette époque.
5. *docteur*: personne promue au plus haut grade à l'université, peu importe la discipline.

SCÈNE PREMIÈRE
Une place devant le château.

Illustration d'Adrien Moreau (1843-1906)
représentant le chœur et maître Blazius.

est un livre d'or[1]; il ne voit pas un brin d'herbe à terre, qu'il ne vous dise[2] comment cela s'appelle en latin ; et quand il fait du vent ou qu'il pleut, il vous dit tout clairement pourquoi. Vous ouvririez des yeux grands comme la porte que voilà, de le voir dérouler un des parchemins qu'il a coloriés d'encres de toutes couleurs, de ses propres mains et sans rien en dire à personne. Enfin c'est un diamant fin des pieds à la tête, et voilà ce que je viens annoncer à M. le baron. Vous sentez que cela me fait quelque honneur, à moi, qui suis son gouverneur depuis l'âge de quatre ans ; ainsi donc, mes bons amis, apportez une chaise, que je descende un peu de cette mule-ci sans me casser le cou ; la bête est tant soit peu rétive[3], et je ne serais pas fâché de boire encore une gorgée avant d'entrer.

LE CHŒUR

Buvez, maître Blazius, et reprenez vos esprits. Nous avons vu naître le petit Perdican, et il n'était pas besoin, du moment qu'il arrive, de nous en dire si long. Puissions-nous retrouver l'enfant dans le cœur de l'homme.

MAÎTRE BLAZIUS

Ma foi, l'écuelle est vide ; je ne croyais pas avoir tout bu. Adieu ; j'ai préparé, en trottant sur la route, deux ou trois phrases sans prétention qui plairont à monseigneur ; je vais tirer la cloche.

Il sort.

LE CHŒUR

Durement cahotée sur son âne essoufflé, dame Pluche gravit la colline ; son écuyer transi gourdine[4] à tour de bras le pauvre animal,

---

1. *livre d'or* : registre dans lequel on écrivait, en lettres d'or, le nom des familles nobles de Venise. Par la suite, on y inscrivit le nom de personnes dignes d'admiration. Tout est digne d'admiration chez Perdican, selon maître Blazius.

2. *il ne voit pas un brin d'herbe à terre, qu'il ne vous dise* : dès qu'il voit un brin d'herbe à terre, il peut vous dire.

3. *la bête est tant soit peu rétive* : la bête est du genre à se cabrer facilement.

4. *gourdine* : (néologisme) frappe avec un gourdin, un gros bâton.

qui hoche la tête, un chardon entre les dents. Ses longues jambes
maigres trépignent de colère, tandis que, de ses mains osseuses, elle
égratigne son chapelet. Bonjour donc, dame Pluche, vous arrivez
40   comme la fièvre, avec le vent qui fait jaunir les bois.

DAME PLUCHE

Un verre d'eau, canaille que vous êtes! un verre d'eau et un peu
de vinaigre[1]!

LE CHŒUR

D'où venez-vous, Pluche, ma mie? Vos faux cheveux sont couverts
de poussière; voilà un toupet[2] de gâté, et votre chaste robe est
45   retroussée jusqu'à vos vénérables jarretières.

DAME PLUCHE

Sachez, manants, que la belle Camille, la nièce de votre maître, arrive
aujourd'hui au château. Elle a quitté le couvent sur l'ordre exprès
de monseigneur, pour venir en son temps et lieu recueillir, comme
faire se doit, le bon bien qu'elle a de sa mère. Son éducation, Dieu
50   merci, est terminée; et ceux qui la verront auront la joie de respirer
une glorieuse[3] fleur de sagesse et de dévotion. Jamais il n'y a rien eu
de si pur, de si ange, de si agneau et de si colombe que cette chère
nonnain[4], que le Seigneur Dieu du ciel la conduise! Ainsi soit-il.
Rangez-vous, canaille; il me semble que j'ai les jambes enflées.

LE CHŒUR

55   Défripez-vous[5], honnête Pluche, et quand vous prierez Dieu,
demandez de la pluie; nos blés sont secs comme vos tibias.

---

1. *vinaigre*: «ANCIENNT *Vinaigre de toilette. Vinaigre pharmaceutique, aromatique*, utilisé
    pour ranimer, stimuler.» (*Le Petit Robert 1*)

2. *toupet*: petite perruque.

3. *glorieuse*: qui participe de la gloire céleste et témoigne d'une bonne éducation
    religieuse.

4. *nonnain*: terme familier pour désigner par plaisanterie une jeune religieuse.

5. *Défripez-vous*: se défriper. Usage amusant du pronominal pour suggérer l'aspect
    «froissé» du corps de dame Pluche.

DAME PLUCHE

Vous m'avez apporté de l'eau dans une écuelle qui sent la cuisine ;
donnez-moi la main pour descendre ; vous êtes des butors et des
malappris.

Elle sort.

LE CHŒUR

60 Mettons nos habits du dimanche, et attendons que le baron nous
fasse appeler. Ou je me trompe fort, ou quelque joyeuse bombance
est dans l'air d'aujourd'hui.

Ils sortent.

SCÈNE 2.
Le salon du baron.
Entrent LE BARON, MAÎTRE BRIDAINE *et* MAÎTRE BLAZIUS.

LE BARON

Maître Bridaine, vous êtes mon ami ; je vous présente maître Blazius, gouverneur de mon fils. Mon fils a eu hier matin, à midi huit
65 minutes, vingt et un ans comptés ; il est docteur à quatre boules
blanches[1]. Maître Blazius, je vous présente maître Bridaine, curé
de la paroisse ; c'est mon ami.

MAÎTRE BLAZIUS, *saluant.*

À quatre boules blanches, seigneur ! Littérature, botanique, droit
romain[2], droit canon[3].

---

1. *à quatre boules blanches* : autrefois, à l'université, au moment de l'examen de doctorat,
le candidat était évalué par un jury de quatre membres, à l'aide d'un système de
couleurs de boules : noire pour « insuffisant », rouge pour « passable » et blanche pour
« bien ». C'est donc à l'unanimité et brillamment que Perdican a été reçu par le jury.

2. *droit romain* : droit civil.

3. *droit canon* : droit ecclésiastique. Maître Blazius semble confondre ici les quatre
membres du jury et les quatre disciplines universitaires que Perdican a étudiées.

LE BARON

70 Allez à votre chambre, cher Blazius, mon fils ne va pas tarder à paraître ; faites un peu de toilette, et revenez au coup de la cloche.

Maître Blazius sort.

MAÎTRE BRIDAINE

Vous dirai-je ma pensée, monseigneur ? Le gouverneur de votre fils sent le vin à pleine bouche.

LE BARON

75 Cela est impossible.

MAÎTRE BRIDAINE

J'en suis sûr comme de ma vie ; il m'a parlé de fort près tout à l'heure ; il sentait le vin à faire peur.

LE BARON

Brisons là[1] ; je vous répète que cela est impossible. *(Entre dame Pluche.)* Vous voilà, bonne dame Pluche ! Ma nièce est sans doute

80 avec vous ?

DAME PLUCHE

Elle me suit, monseigneur, je l'ai devancée de quelques pas.

LE BARON

Maître Bridaine, vous êtes mon ami. Je vous présente la dame Pluche, gouvernante de ma nièce. Ma nièce est depuis hier, à sept heures de nuit, parvenue à l'âge de dix-huit ans ; elle sort du

85 meilleur couvent de France. Dame Pluche, je vous présente maître Bridaine, curé de la paroisse ; c'est mon ami.

DAME PLUCHE, *saluant.*

Du meilleur couvent de France, seigneur, et je puis ajouter : la meilleure chrétienne du couvent.

---

1. *Brisons là* : arrêtons cette conversation.

LE BARON

Allez, dame Pluche, réparer le désordre où vous voilà; ma nièce va
90 bientôt venir, j'espère; soyez prête à l'heure du dîner.

Dame Pluche sort.

MAÎTRE BRIDAINE

Cette vieille demoiselle paraît tout à fait pleine d'onction[1].

LE BARON

Pleine d'onction et de componction[2], maître Bridaine; sa vertu
est inattaquable.

MAÎTRE BRIDAINE

Mais le gouverneur sent le vin; j'en ai la certitude.

LE BARON

95 Maître Bridaine, il y a des moments où je doute de votre amitié. Prenez-vous à tâche de me contredire? Pas un mot de plus
là-dessus. J'ai formé le dessein de marier mon fils avec ma nièce;
c'est un couple assorti: leur éducation me coûte six mille écus.

MAÎTRE BRIDAINE

Il sera nécessaire d'obtenir des dispenses[3].

LE BARON

100 Je les ai, Bridaine; elles sont sur ma table, dans mon cabinet[4]. Ô
mon ami! apprenez maintenant que je suis plein de joie. Vous
savez que j'ai eu de tout temps la plus profonde horreur pour la
solitude. Cependant la place que j'occupe et la gravité de mon
habit[5] me forcent à rester dans ce château pendant trois mois

---

1. *onction*: «Douceur dans les gestes, les paroles qui dénote de la piété, de la dévotion,
   et y incite.» (*Le Petit Robert 1*)

2. *componction*: à la fois la tristesse d'avoir offensé Dieu et le recueillement. Le baron
   semble utiliser ce mot comme superlatif d'«onction».

3. *dispenses*: l'Église interdit le mariage entre cousins germains. Camille et Perdican,
   s'ils veulent se marier, devront obtenir une autorisation spéciale.

4. *cabinet*: bureau.

5. *la gravité de mon habit*: l'importance de ma fonction.

105 d'hiver et trois mois d'été. Il est impossible de faire le bonheur des hommes en général, et de ses vassaux en particulier, sans donner parfois à son valet de chambre l'ordre rigoureux de ne laisser entrer personne. Qu'il est austère et difficile le recueillement de l'homme d'État! et quel plaisir ne trouverai-je pas à tempérer
110 par la présence de mes deux enfants réunis la sombre tristesse à laquelle je dois nécessairement être en proie depuis que le roi m'a nommé receveur[1]!

MAÎTRE BRIDAINE
Ce mariage se fera-t-il ici ou à Paris?

LE BARON
Voilà où je vous attendais, Bridaine; j'étais sûr de cette question.
115 Eh bien! mon ami, que diriez-vous si ces mains que voilà, oui, Bridaine, vos propres mains, — ne les regardez pas d'une manière aussi piteuse — étaient destinées à bénir solennellement l'heureuse confirmation de mes rêves les plus chers? Hé?

MAÎTRE BRIDAINE
Je me tais; la reconnaissance me ferme la bouche.

LE BARON
120 Regardez par cette fenêtre; ne voyez-vous pas que mes gens[2] se portent en foule à la grille? Mes deux enfants arrivent en même temps; voilà la combinaison la plus heureuse. J'ai disposé les choses de manière à tout prévoir. Ma nièce sera introduite par cette porte à gauche, et mon fils par cette porte à droite. Qu'en dites-vous? Je me
125 fais une fête de voir comment ils s'aborderont, ce qu'ils se diront; six mille écus ne sont pas une bagatelle, il ne faut pas s'y tromper. Ces enfants s'aimaient d'ailleurs fort tendrement dès le berceau. — Bridaine, il me vient une idée.

---

1. *receveur*: généralement, le titre de «receveur» s'accompagne d'un qualificatif qui en précise la fonction. Ici, le terme reste vague. Musset fait sans doute allusion à la personne responsable de percevoir les impôts.

2. *mes gens*: mes domestiques.

MAÎTRE BRIDAINE

Laquelle?

LE BARON

130 Pendant le dîner, sans avoir l'air d'y toucher, — vous comprenez,
mon ami, — tout en vidant quelques coupes joyeuses; — vous
savez le latin, Bridaine.

MAÎTRE BRIDAINE

Ità oedepol[1], pardieu, si je le sais!

LE BARON

Je serais bien aise de vous voir entreprendre ce garçon[2], — discrè-
135 tement, s'entend — devant sa cousine; cela ne peut produire qu'un
bon effet; — faites-le parler un peu latin, — non pas précisément
pendant le dîner, cela deviendrait fastidieux, et quant à moi, je n'y
comprends rien; — mais au dessert, —entendez-vous?

MAÎTRE BRIDAINE

Si vous n'y comprenez rien, monseigneur, il est probable que votre
140 nièce est dans le même cas.

LE BARON

Raison de plus; ne voulez-vous pas qu'une femme admire ce qu'elle
comprend? D'où sortez-vous, Bridaine? Voilà un raisonnement
qui fait pitié.

MAÎTRE BRIDAINE

Je connais peu les femmes; mais il me semble qu'il est difficile
145 qu'on admire ce qu'on ne comprend pas.

LE BARON

Je les connais, Bridaine; je connais ces êtres charmants et
indéfinissables. Soyez persuadé qu'elles aiment à avoir de la
poudre dans les yeux, et que plus on leur en jette, plus elles
les écarquillent, afin d'en gober davantage. (*Perdican entre*
150 *d'un côté, Camille de l'autre.*) Bonjour, mes enfants; bonjour,

---

1. Ità oedepol: pour témoigner de sa bonne connaissance du latin, maître Bridaine
s'exclame «Oui, par Pollux», serment et juron romains réservés aux «vrais» hommes.

2. *entreprendre ce garçon*: engager la conversation avec Perdican.

ma chère Camille, mon cher Perdican ! Embrassez-moi, et embrassez-vous.

PERDICAN

Bonjour, mon père, ma sœur bien-aimée ! Quel bonheur ! Que je suis heureux !

CAMILLE

Mon père et mon cousin, je vous salue.

PERDICAN

Comme te voilà grande, Camille ! et belle comme le jour !

LE BARON

Quand as-tu quitté Paris, Perdican ?

PERDICAN

Mercredi, je crois, ou mardi. Comme te voilà métamorphosée en femme ! Je suis donc un homme, moi ! Il me semble que c'est hier que je t'ai vue pas plus haute que cela.

LE BARON

Vous devez être fatigués ; la route est longue, et il fait chaud.

PERDICAN

Oh ! mon Dieu, non. Regardez donc, mon père, comme Camille est jolie !

LE BARON

Allons, Camille, embrasse ton cousin.

CAMILLE

Excusez-moi[1].

LE BARON

Un compliment vaut un baiser, embrasse-la, Perdican.

PERDICAN

Si ma cousine recule quand je lui tends la main, je vous dirai à mon tour : Excusez-moi ; l'amour peut voler un baiser, mais non pas l'amitié.

1. *Excusez-moi* : formule exprimant un refus poli et froid.

CAMILLE

170 L'amitié ni l'amour ne doivent recevoir que ce qu'ils peuvent rendre.

LE BARON, *à maître Bridaine.*

Voilà un commencement de mauvais augure, hé?

MAÎTRE BRIDAINE, *au baron.*

Trop de pudeur est sans doute un défaut; mais le mariage lève bien des scrupules.

LE BARON, *à maître Bridaine.*

175 Je suis choqué, — blessé —. Cette réponse m'a déplu. — Excusez-moi! Avez-vous vu qu'elle a fait mine de se signer[1]? — Venez ici que je vous parle. — Cela m'est pénible au dernier point. Ce moment, qui devait m'être si doux, est complè- tement gâté. — Je suis vexé, piqué[2]. — Diable! voilà qui est fort
180 mauvais.

MAÎTRE BRIDAINE

Dites-leur quelques mots; les voilà qui se tournent le dos.

LE BARON

Eh bien! mes enfants, à quoi pensez-vous donc? Que fais-tu là, Camille, devant cette tapisserie?

CAMILLE, *regardant un tableau.*

Voilà un beau portrait, mon oncle! N'est-ce pas une grand-tante
185 à nous?

LE BARON

Oui, mon enfant, c'est ta bisaïeule, — ou du moins — la sœur de ton bisaïeul, — car la chère dame n'a jamais concouru, — pour sa part, je crois, autrement qu'en prières, — à l'accroissement de la famille. — C'était, ma foi, une sainte femme.

---

1. *se signer*: chez les catholiques romains, faire le signe de la croix, en portant la main droite au front, à la poitrine et aux épaules gauche et droite.

2. *piqué*: blessé, irrité vivement (*Le Petit Robert 1*).

De gauche à droite : Jacques-Henri Gagnon (maître Bridaine), Jack Robitaille (maître Blazius), Jacques Baril (Perdican), Marie-Ginette Guay (Dame Pluche) et Marie-Thérèse Fortin (Camille). Mise en scène d'Albert Millaire, Théâtre du Trident, 15 janvier-9 février 1991.

© Photo : Daniel Mallard.

CAMILLE

190 Oh! oui, une sainte! C'est ma grand-tante Isabelle. Comme ce costume religieux lui va bien!

LE BARON

Et toi, Perdican, que fais-tu là devant ce pot de fleurs?

PERDICAN

Voilà une fleur charmante, mon père. C'est un héliotrope.

LE BARON

Te moques-tu? Elle est grosse comme une mouche.

PERDICAN

195 Cette petite fleur grosse comme une mouche a bien son prix.

MAÎTRE BRIDAINE

Sans doute! Le docteur a raison; demandez-lui à quel sexe, à quelle classe elle appartient; de quels éléments elle se forme, d'où lui viennent sa sève et sa couleur; il vous ravira en extase en vous détaillant les phénomènes de ce brin d'herbe, depuis la racine jusqu'à la fleur.

PERDICAN

200 Je n'en sais pas si long, mon révérend. Je trouve qu'elle sent bon, voilà tout.

SCÈNE 3.
Devant le château.
Entre LE CHŒUR.

Plusieurs choses me divertissent et excitent ma curiosité. Venez, mes amis, et asseyons-nous sous ce noyer. Deux formidables[1] dîneurs sont en ce moment en présence au château, maître Bri-
205 daine et maître Blazius. N'avez-vous pas fait une remarque? C'est que lorsque deux hommes à peu près pareils, également gros, également sots, ayant les mêmes vices et les mêmes passions,

---

1. *formidables*: (du latin *formidabilis*) qui inspirent la crainte. En contexte, il faut comprendre que maître Bridaine et maître Blazius sont de redoutables mangeurs prêts à tous les abus.

viennent par hasard à se rencontrer, il faut nécessairement qu'ils s'adorent ou qu'ils s'exècrent. Par la raison que les contraires s'attirent, qu'un homme grand et desséché aimera un homme petit et rond, que les blonds recherchent les bruns, et réciproquement, je prévois une lutte secrète entre le gouverneur et le curé. Tous deux sont armés d'une égale impudence ; tous deux ont pour ventre un tonneau ; non seulement ils sont gloutons, mais ils sont gourmets ; tous deux se disputeront à dîner, non seulement la quantité, mais la qualité. Si le poisson est petit, comment faire ? et dans tous les cas une langue de carpe ne peut se partager, et une carpe ne peut avoir deux langues. *Item*[1], tous deux sont bavards ; mais à la rigueur ils peuvent parler ensemble sans s'écouter ni l'un ni l'autre. Déjà maître Bridaine a voulu adresser au jeune Perdican plusieurs questions pédantes, et le gouverneur a froncé le sourcil. Il lui est désagréable qu'un autre que lui semble mettre son élève à l'épreuve. *Item*, ils sont aussi ignorants l'un que l'autre. *Item*, ils sont prêtres tous deux ; l'un se targuera de sa cure[2], l'autre se rengorgera dans sa charge de gouverneur. Maître Blazius confesse le fils, et maître Bridaine le père. Déjà, je les vois accoudés sur la table, les joues enflammées, les yeux à fleur de tête, secouer pleins de haine leurs triples mentons. Ils se regardent de la tête aux pieds, ils préludent[3] par de légères escarmouches ; bientôt la guerre se déclare ; les cuistreries[4] de toute espèce se croisent et s'échangent, et, pour comble de malheur, entre les deux ivrognes s'agite dame Pluche, qui les repousse l'un et l'autre de ses coudes affilés.

Maintenant que voilà le dîner fini, on ouvre la grille du château. C'est la compagnie qui sort ; retirons-nous à l'écart.

Ils sortent. — Entrent le baron et dame Pluche.

---

1. Item : en outre.
2. *cure* : fonction du curé qui a charge d'une paroisse.
3. *préludent* : commencent.
4. *cuistreries* : propos affectés et ridicules.

LE BARON

235 Vénérable Pluche, je suis peiné.

DAME PLUCHE

Est-il possible, monseigneur ?

LE BARON

Oui, Pluche, cela est possible. J'avais compté depuis longtemps,
— j'avais même écrit, noté, — sur mes tablettes de poche[1], —
que ce jour devait être le plus agréable de mes jours, — oui
240 bonne dame, le plus agréable. — Vous n'ignorez pas que mon
dessein était de marier mon fils avec ma nièce ; — cela était
résolu,— convenu, — j'en avais parlé à Bridaine, — et je vois,
je crois voir, que ces enfants se parlent froidement ; ils ne se
sont pas dit un mot.

DAME PLUCHE

245 Les voilà qui viennent, monseigneur. Sont-ils prévenus de vos
projets ?

LE BARON

Je leur en ai touché quelques mots en particulier. Je crois qu'il serait
bon, puisque les voilà réunis, de nous asseoir sous cet ombrage
propice, et de les laisser ensemble un instant.

Il se retire avec dame Pluche. — Entrent Camille et Perdican.

PERDICAN

250 Sais-tu que cela n'a rien de beau, Camille, de m'avoir refusé un
baiser ?

CAMILLE

Je suis comme cela ; c'est ma manière.

---

1. *tablettes de poche* : « au pluriel, signifie, plusieurs feuilles d'ivoire, de parchemin, de
papier préparé, etc., qui sont attachées ensemble, et qu'on porte ordinairement dans
la poche, pour écrire avec un crayon, ou avec une aiguille d'or ou d'argent, les choses
dont on veut se souvenir » (*Dictionnaire de l'Académie française*, 6e édition, 1832-5).

PERDICAN

Veux-tu mon bras pour faire un tour dans le village?

CAMILLE

Non, je suis lasse.

PERDICAN

255 Cela ne te ferait pas plaisir de revoir la prairie? Te souviens-tu
de nos parties sur le bateau? Viens, nous descendrons jusqu'aux
moulins; je tiendrai les rames, et toi le gouvernail.

CAMILLE

Je n'en ai nulle envie.

PERDICAN

Tu me fends l'âme. Quoi! Pas un souvenir, Camille? Pas un bat-
260 tement de cœur pour notre enfance, pour tout ce pauvre temps
passé, si bon, si doux, si plein de niaiseries délicieuses? Tu ne veux
pas venir voir le sentier par où nous allions à la ferme?

CAMILLE

Non, pas ce soir.

PERDICAN

Pas ce soir! et quand donc? Toute notre vie est là.

CAMILLE

265 Je ne suis pas assez jeune pour m'amuser de[1] mes poupées, ni assez
vieille pour aimer le passé.

PERDICAN

Comment dis-tu cela[2]?

CAMILLE

Je dis que les souvenirs d'enfance ne sont pas de mon goût.

PERDICAN

Cela t'ennuie?

CAMILLE

270 Oui, cela m'ennuie.

---

1. *m'amuser de*: me moquer de (*Littré*, 1872).

2. *Comment dis-tu cela?*: que veux-tu dire?

PERDICAN

Pauvre enfant ! Je te plains sincèrement.

Ils sortent chacun de leur côté.

LE BARON, *rentrant avec dame Pluche.*

Vous le voyez, et vous l'entendez, excellente Pluche ; je m'attendais
à la plus suave harmonie ; et il me semble assister à un concert
où le violon joue *Mon cœur soupire*[1], pendant que la flûte joue
275   *Vive Henri IV*[2]. Songez à la discordance affreuse qu'une pareille
combinaison produirait. Voilà pourtant ce qui se passe dans
mon cœur.

DAME PLUCHE

Je l'avoue ; il m'est impossible de blâmer Camille, et rien n'est de
plus mauvais ton, à mon sens, que les parties de bateau.

LE BARON

280   Parlez-vous sérieusement ?

DAME PLUCHE

Seigneur, une jeune fille qui se respecte ne se hasarde pas sur les
pièces d'eau[3].

LE BARON

Mais observez donc, dame Pluche, que son cousin doit l'épouser,
et que dès lors…

DAME PLUCHE

285   Les convenances défendent de tenir un gouvernail, et il est mal-
séant de quitter la terre ferme seule avec un jeune homme.

LE BARON

Mais je répète… je vous dis…

---

1. Mon cœur soupire : romance célèbre chantée par le personnage de Chérubin dans
   Les noces de Figaro (II, 2 ; 1786) de Mozart (1756-1791).

2. Vive Henri IV : chanson à boire, entonnée par un meunier, dans la comédie de Charles
   Collé (1709-1783) intitulée *La partie de chasse d'Henri IV* (III, 11 ; 1774).

3. *pièces d'eau* : « grand bassin ou petit étang dans un jardin, un parc » (*Le Petit Robert 1*).

DAME PLUCHE
C'est là mon opinion.

LE BARON
Êtes-vous folle? En vérité, vous me feriez dire… Il y a certaines
290   expressions que je ne veux pas… qui me répugnent… Vous me
donnez envie… En vérité, si je ne me retenais… Vous êtes une
pécore[1], Pluche! Je ne sais que penser de vous.

Il sort.

SCÈNE 4.
Une place.
LE CHŒUR, PERDICAN, ROSETTE.

PERDICAN
Bonjour, amis. Me reconnaissez-vous?

LE CHŒUR
Seigneur, vous ressemblez à un enfant que nous avons beaucoup
295   aimé.

PERDICAN
N'est-ce pas vous qui m'avez porté sur votre dos pour passer les
ruisseaux de vos prairies, vous qui m'avez fait danser sur vos
genoux, qui m'avez pris en croupe sur vos chevaux robustes, qui
vous êtes serrés quelquefois autour de vos tables pour me faire une
300   place au souper de la ferme?

LE CHŒUR
Nous nous en souvenons, seigneur. Vous étiez bien le plus mauvais
garnement et le meilleur garçon de la terre.

PERDICAN
Et pourquoi donc alors ne m'embrassez-vous pas, au lieu de me
saluer comme un étranger?

---

1. *pécore*: femme bête, sotte et prétentieuse.

LE CHŒUR

305 Que Dieu te bénisse, enfant de nos entrailles ! Chacun de nous
voudrait te prendre dans ses bras ; mais nous sommes vieux, monseigneur, et vous êtes un homme.

PERDICAN

Oui, il y a dix ans que je ne vous ai vus, et en un jour tout change
sous le soleil. Je me suis élevé de quelques pieds vers le ciel, et vous
310 vous êtes courbés de quelques pouces vers le tombeau. Vos têtes
ont blanchi, vos pas sont devenus plus lents ; vous ne pouvez plus
soulever de terre votre enfant d'autrefois. C'est donc à moi d'être
votre père, à vous qui avez été les miens.

LE CHŒUR

Votre retour est un jour plus heureux que votre naissance. Il est plus
315 doux de retrouver ce qu'on aime que d'embrasser un nouveau-né.

PERDICAN

Voilà donc ma chère vallée ! Mes noyers, mes sentiers verts, ma petite
fontaine ! Voilà mes jours passés encore tout pleins de vie, voilà le
monde mystérieux des rêves de mon enfance ! Ô patrie ! patrie, mot
incompréhensible ! L'homme n'est-il donc né que pour un coin de
320 terre, pour y bâtir son nid et pour y vivre un jour ?

LE CHŒUR

On nous a dit que vous êtes un savant, monseigneur.

PERDICAN

Oui, on me l'a dit aussi. Les sciences sont une belle chose, mes
enfants ; ces arbres et ces prairies enseignent à haute voix la plus
belle de toutes, l'oubli de ce qu'on sait.

LE CHŒUR

325 Il s'est fait plus d'un changement pendant votre absence. Il y a des
filles mariées et des garçons partis pour l'armée.

PERDICAN

Vous me conterez tout cela. Je m'attends bien à du nouveau ;
mais en vérité je n'en veux pas encore. Comme ce lavoir est petit !
Autrefois il me paraissait immense ; j'avais emporté dans ma tête
330 un océan et des forêts, et je retrouve une goutte d'eau et des brins

d'herbe. Quelle est donc cette jeune fille qui chante à sa croisée[1] derrière ces arbres?

Le chœur
C'est Rosette, la sœur de lait de votre cousine Camille.

Perdican, *s'avançant.*
Descends vite, Rosette, et viens ici.

Rosette, *entrant.*
335   Oui, monseigneur.

Perdican
Tu me voyais de ta fenêtre, et tu ne venais pas, méchante fille? Donne-moi vite cette main-là, et ces joues-là, que je t'embrasse.

Rosette
Oui, monseigneur.

Perdican
Es-tu mariée, petite? On m'a dit que tu l'étais.

Rosette
340   Oh! non.

Perdican
Pourquoi? Il n'y a pas dans le village de plus jolie fille que toi. Nous te marierons, mon enfant.

Le chœur
Monseigneur, elle veut mourir fille[2].

Perdican
Est-ce vrai, Rosette?

Rosette
345   Oh! non.

Perdican
Ta sœur Camille est arrivée. L'as-tu vue?

Rosette
Elle n'est pas encore venue par ici.

---

1. *croisée*: «PAR MÉTON. LITTÉR. La fenêtre.» (*Le Petit Robert 1*)
2. *elle veut mourir fille*: elle ne désire pas se marier.

PERDICAN

Va-t'en vite mettre ta robe neuve, et viens souper au château.

SCÈNE 5.
Une salle.

Entrent LE BARON *et* MAÎTRE BLAZIUS.

MAÎTRE BLAZIUS

Seigneur, j'ai un mot à vous dire ; le curé de la paroisse est un ivrogne.

LE BARON

350 Fi donc cela ne se peut pas.

MAÎTRE BLAZIUS

J'en suis certain ; il a bu à dîner trois bouteilles de vin.

LE BARON

Cela est exorbitant.

MAÎTRE BLAZIUS

Et en sortant de table, il a marché sur les plates-bandes.

LE BARON

Sur les plates-bandes ? — Je suis confondu. — Voilà qui est
355 étrange ! — Boire trois bouteilles de vin à dîner ! Marcher sur les
plates-bandes ? C'est incompréhensible. Et pourquoi ne marchait-il
pas dans l'allée ?

MAÎTRE BLAZIUS

Parce qu'il allait de travers.

LE BARON, *à part.*

Je commence à croire que Bridaine avait raison ce matin. Ce Bla-
360 zius sent le vin d'une manière horrible.

MAÎTRE BLAZIUS

De plus, il a mangé beaucoup ; sa parole était embarrassée.

LE BARON

Vraiment, je l'ai remarqué aussi.

MAÎTRE BLAZIUS

Il a lâché quelques mots latins ; c'étaient autant de solécismes.
Seigneur, c'est un homme dépravé.

LE BARON, *à part.*

365 Pouah! Ce Blazius a une odeur qui est intolérable. — Apprenez, gouverneur, que j'ai bien autre chose en tête, et que je ne me mêle jamais de ce qu'on boit ni de ce qu'on mange. Je ne suis point un majordome.

MAÎTRE BLAZIUS

À Dieu ne plaise que je vous déplaise, monsieur le baron. Votre
370 vin est bon.

LE BARON

Il y a de bon vin[1] dans mes caves.

MAÎTRE BRIDAINE, *entrant.*

Seigneur, votre fils est sur la place, suivi de tous les polissons du village.

LE BARON

Cela est impossible.

MAÎTRE BRIDAINE

375 Je l'ai vu de mes propres yeux. Il ramassait des cailloux pour faire des ricochets.

LE BARON

Des ricochets? Ma tête s'égare; voilà mes idées qui se bouleversent. Vous me faites un rapport insensé, Bridaine. Il est inouï qu'un docteur fasse des ricochets.

MAÎTRE BRIDAINE

380 Mettez-vous à la fenêtre, monseigneur, vous le verrez de vos propres yeux.

LE BARON, *à part.*

Ô ciel! Blazius a raison; Bridaine va de travers.

---

1. *de bon vin*: du bon vin. Selon le *Dictionnaire de l'Académie française* (voir la 6ᵉ édition de 1832-5 et la 8ᵉ édition de 1932), les articles partitifs «du» et «de la» devaient obligatoirement être remplacés par «de» devant un adjectif suivi d'un nom, même au masculin singulier, comme ici. Le baron manifeste sans doute ainsi une fausse élégance, en parlant en 1834 comme le *Dictionnaire de l'Académie française* le recommande.

MAÎTRE BRIDAINE

Regardez, monseigneur, le voilà au bord du lavoir. Il tient sous le bras une jeune paysanne.

LE BARON

385 Une jeune paysanne ? Mon fils vient-il ici pour débaucher mes vassales ? Une paysanne sous son bras ! et tous les gamins du village autour de lui ! Je me sens hors de moi.

MAÎTRE BRIDAINE

Cela crie vengeance.

LE BARON

Tout est perdu ! — perdu sans ressource ! Je suis perdu :
390 Bridaine va de travers, Blazius sent le vin à faire horreur, et mon fils séduit toutes les filles du village en faisant des ricochets.

Il sort.

ACTE II

Scène 1.
Un jardin.

Entrent Maître Blazius *et* Perdican.

MAÎTRE BLAZIUS

Seigneur, votre père est au désespoir.

PERDICAN

Pourquoi cela ?

MAÎTRE BLAZIUS

395 Vous n'ignorez pas qu'il avait formé le projet de vous unir à votre cousine Camille ?

PERDICAN

Eh bien ? — Je ne demande pas mieux.

MAÎTRE BLAZIUS

Cependant le baron croit remarquer que vos caractères ne s'accordent pas.

PERDICAN

400 Cela est malheureux ; je ne puis refaire le mien.

MAÎTRE BLAZIUS

Rendrez-vous par là ce mariage impossible ?

PERDICAN

Je vous répète que je ne demande pas mieux que d'épouser Camille. Allez trouver le baron et dites-lui cela.

MAÎTRE BLAZIUS

Seigneur, je me retire : voilà votre cousine qui vient de ce côté.

Il sort. Entre Camille.

PERDICAN

405 Déjà levée, cousine ? J'en suis toujours pour[1] ce que je t'ai dit hier ; tu es jolie comme un cœur.

---

1. *J'en suis toujours pour* : je suis toujours d'accord avec.

CAMILLE

Parlons sérieusement, Perdican; votre père veut nous marier. Je ne sais ce que vous en pensez; mais je crois bien faire en vous prévenant que mon parti est pris là-dessus.

PERDICAN

410   Tant pis pour moi si je vous déplais.

CAMILLE

Pas plus qu'un autre; je ne veux pas me marier: il n'y a rien là dont votre orgueil puisse souffrir.

PERDICAN

L'orgueil n'est pas mon fait; je n'en estime ni les joies ni les peines.

CAMILLE

Je suis venue ici pour recueillir le bien de ma mère; je retourne
415   demain au couvent.

PERDICAN

Il y a de la franchise dans ta démarche; touche là[1] et soyons bons amis.

CAMILLE

Je n'aime pas les attouchements[2].

PERDICAN, *lui prenant la main.*

Donne-moi ta main, Camille, je t'en prie. Que crains-tu de moi?
420   Tu ne veux pas qu'on nous marie? Eh bien! Ne nous marions pas; est-ce une raison pour nous haïr? Ne sommes-nous pas le frère et la sœur? Lorsque ta mère a ordonné ce mariage dans son testament, elle a voulu que notre amitié fût éternelle, voilà tout ce qu'elle a voulu. Pourquoi nous marier? Voilà ta main et voilà la mienne; et
425   pour qu'elles restent unies ainsi jusqu'au dernier soupir, crois-tu qu'il nous faille un prêtre? Nous n'avons besoin que de Dieu.

---

1. *touche là*: tope là, donne-moi la main.

2. *les attouchements*: dans le contexte, il peut s'agir du fait de toucher avec la main, mais aussi, comme le comprenait souvent un confesseur, d'une caresse (*Le Petit Robert 1*). La morale catholique réprouvait les contacts physiques, surtout avant le mariage.

CAMILLE

Je suis bien aise que mon refus vous soit indifférent.

PERDICAN

Il ne m'est point indifférent, Camille. Ton amour m'eût donné la vie, mais ton amitié m'en consolera[1]. Ne quitte pas le château demain; hier, tu as refusé de faire un tour de jardin, parce que tu voyais en moi un mari dont tu ne voulais pas. Reste ici quelques jours, laisse-moi espérer que notre vie passée n'est pas morte à jamais dans ton cœur.

CAMILLE

Je suis obligée de partir.

PERDICAN

Pourquoi?

CAMILLE

C'est mon secret.

PERDICAN

En aimes-tu un autre que moi?

CAMILLE

Non; mais je veux partir.

PERDICAN

Irrévocablement?

CAMILLE

Oui, irrévocablement.

PERDICAN

Eh bien! adieu. J'aurais voulu m'asseoir avec toi sous les marronniers du petit bois et causer de bonne amitié[2] une heure ou deux. Mais si cela te déplaît, n'en parlons plus; adieu, mon enfant.

Il sort.

---

1. *m'en consolera*: me consolera du fait que tu ne m'auras pas aimé.

2. *de bonne amitié*: «à bonne intention» (*Littré*, 1872); en toute amitié.

CAMILLE, *à dame Pluche qui entre.*

Dame Pluche, tout est-il prêt ? Partirons-nous demain ? Mon tuteur
445 a-t-il fini ses comptes ?

DAME PLUCHE

Oui, chère colombe sans tache[1]. Le baron m'a traitée de pécore[2]
hier soir, et je suis enchantée de partir.

CAMILLE

Tenez, voilà un mot d'écrit que vous porterez avant dîner, de ma
part, à mon cousin Perdican.

DAME PLUCHE

450 Seigneur mon Dieu ! est-ce possible ? Vous écrivez un billet à
un homme ?

CAMILLE

Ne dois-je pas être sa femme ? Je puis bien écrire à mon fiancé.

DAME PLUCHE

Le seigneur Perdican sort d'ici. Que pouvez-vous lui écrire ? Votre
fiancé, miséricorde ! Serait-il vrai que vous oubliez Jésus ?

CAMILLE

455 Faites ce que je vous dis, et disposez tout pour notre départ.

Elles sortent.

SCÈNE 2.
La salle à manger. — On met le couvert.
Entre MAÎTRE BRIDAINE.

Cela est certain, on lui donnera encore aujourd'hui la place d'honneur. Cette chaise que j'ai occupée si longtemps à la droite du baron
sera la proie du gouverneur. Ô malheureux que je suis ! Un âne

---

1. *sans tache* : encore vierge.

2. *pécore* : femme bête, sotte et prétentieuse.

460 bâté[1], un ivrogne sans pudeur, me relègue au bas bout de la table[2]! Le majordome lui versera le premier verre de Malaga, et lorsque les plats arriveront à moi, ils seront à moitié froids, et les meilleurs morceaux déjà avalés; il ne restera plus autour des perdreaux ni choux ni carottes. Ô sainte Église catholique! Qu'on lui ait donné cette place hier, cela se concevait; il venait d'arriver; c'était la première 465 fois, depuis nombre d'années, qu'il s'asseyait à cette table. Dieu! Comme il dévorait! Non, rien ne me restera que des os et des pattes de poulet. Je ne souffrirai pas cet affront. Adieu, vénérable fauteuil où je me suis renversé tant de fois gorgé de mets succulents! Adieu, bouteilles cachetées[3], fumet sans pareil de venaisons cuites à point! 470 Adieu, table splendide, noble salle à manger, je ne dirai plus le bénédicité! Je retourne à ma cure[4]; on ne me verra pas confondu parmi la foule des convives, et j'aime mieux, comme César, être le premier au village que le second dans Rome[5].

Il sort.

---

1. *âne bâté*: locution figurée et vieillie qui désigne un homme d'un esprit lourd, ignorant, maladroit. À l'origine, il s'agit d'un âne harnaché d'un bât, c'est-à-dire sellé pour transporter une charge.

2. *bas bout de la table*: extrémité de la table où sont assis les invités de moindre importance, qui sont également les derniers à être servis. «Le haut bout, la place la plus honorable. [...] Le bas bout, une des dernières places.» (*Littré*, 1872)

3. *bouteilles cachetées*: bouteilles contenant de vieux vins.

4. *cure*: résidence du curé.

5. *j'aime mieux, comme César, être le premier au village que le second dans Rome*: allusion à la parole attribuée à Jules César au moment où il traversait un pauvre village des Alpes, après avoir quitté Rome en direction de l'Espagne.

SCÈNE 3.
Un champ devant une petite maison.
Entrent ROSETTE *et* PERDICAN.

PERDICAN

Puisque ta mère n'y est pas, viens faire un tour de promenade[1].

ROSETTE

475 Croyez-vous que cela me fasse du bien, tous ces baisers que vous me donnez?

PERDICAN

Quel mal y trouves-tu? Je t'embrasserais devant ta mère. N'es-tu pas la sœur de Camille? Ne suis-je pas ton frère comme le sien?

ROSETTE

Des mots sont des mots et des baisers sont des baisers. Je n'ai guère
480 d'esprit[2], et je m'en aperçois bien sitôt que je veux dire quelque chose. Les belles dames savent leur affaire[3], selon qu'on leur baise la main droite ou la main gauche; leurs pères les embrassent sur le front, leurs frères sur la joue, leurs amoureux sur les lèvres; moi, tout le monde m'embrasse sur les deux joues, et cela me chagrine.

PERDICAN

485 Que tu es jolie, mon enfant!

ROSETTE

Il ne faut pas non plus vous fâcher pour cela. Comme vous paraissez triste ce matin! Votre mariage est donc manqué?

PERDICAN

Les paysans de ton village se souviennent de m'avoir aimé; les chiens de la basse-cour et les arbres du bois s'en souviennent

---

1. *faire un tour de promenade*: «On dit qu'*Un homme est allé faire un tour de promenade*, pour dire qu'Il est allé se promener. Et qu'*Un homme est allé faire un tour*, pour dire qu'Il est sorti pour revenir bientôt.» (*Dictionnaire de l'Académie française*, 1ʳᵉ édition, 1694)

2. *Je n'ai guère d'esprit*: je n'ai pas la répartie facile, j'ai de la difficulté à exprimer ma pensée.

3. *Les belles dames savent leur affaire*: les femmes bien nées connaissent les conventions sociales, les codes de conduite.

Gravure d'Adolphe Lalauze (1838-1905), d'après Eugène Lami
(1800-1890), représentant Rosette et Perdican.

490 aussi; mais Camille ne s'en souvient pas. Et toi, Rosette, à quand le mariage?

ROSETTE

Ne parlons pas de cela, voulez-vous? Parlons du temps qu'il fait, de ces fleurs que voilà, de vos chevaux et de mes bonnets.

PERDICAN

De tout ce qui te plaira, de tout ce qui peut passer sur tes lèvres sans 495 leur ôter ce sourire céleste que je respecte plus que ma vie.

Il l'embrasse.

ROSETTE

Vous respectez mon sourire, mais vous ne respectez guère mes lèvres, à ce qu'il me semble. Regardez donc; voilà une goutte de pluie qui me tombe sur la main, et cependant le ciel est pur.

PERDICAN

Pardonne-moi.

ROSETTE

500 Que vous ai-je fait, pour que vous pleuriez?

Ils sortent.

SCÈNE 4.
Au château.
Entrent MAÎTRE BLAZIUS *et* LE BARON.

MAÎTRE BLAZIUS

Seigneur, j'ai une chose singulière à vous dire. Tout à l'heure, j'étais par hasard dans l'office[1], je veux dire dans la galerie[2] : qu'aurais-je

---

1. *office*: «lieu près de la cuisine où mangent les domestiques, où on serre les viandes et les choses nécessaires pour le service de la table» (Furetière). S'y trouvent également les mets et les vins prévus pour le repas.

2. *galerie*: salle où sont exposés des objets d'art.

été faire dans l'office? J'étais donc dans la galerie. J'avais trouvé
par accident une bouteille, je veux dire une carafe d'eau : comment
505 aurais-je trouvé une bouteille dans la galerie? J'étais donc en train
de boire un coup de vin, je veux dire un verre d'eau, pour passer
le temps, et je regardais par la fenêtre, entre deux vases de fleurs
qui me paraissaient d'un goût moderne, bien qu'ils soient imités
de l'étrusque[1]...

LE BARON

510 Quelle insupportable manière de parler vous avez adoptée, Blazius !
Vos discours sont inexplicables.

MAÎTRE BLAZIUS

Écoutez-moi, seigneur, prêtez-moi un moment d'attention. Je
regardais donc par la fenêtre. Ne vous impatientez pas, au nom du
ciel! Il y va de l'honneur de la famille.

LE BARON

515 De la famille! Voilà qui est incompréhensible. De l'honneur de la
famille, Blazius ! Savez-vous que nous sommes trente-sept mâles,
et presque autant de femmes, tant à Paris qu'en province?

MAÎTRE BLAZIUS

Permettez-moi de continuer. Tandis que je buvais un coup de
vin, je veux dire un verre d'eau, pour chasser la digestion tardive,
520 imaginez que j'ai vu passer sous la fenêtre dame Pluche hors
d'haleine.

LE BARON

Pourquoi hors d'haleine, Blazius? Ceci est insolite.

MAÎTRE BLAZIUS

Et à côté d'elle, rouge de colère, votre nièce Camille.

LE BARON

Qui était rouge de colère, ma nièce, ou dame Pluche?

MAÎTRE BLAZIUS

525 Votre nièce, seigneur.

---

1. *imités de l'étrusque* : imités du style étrusque; se disait au XIXe siècle des vases grecs trouvés
en Italie, de couleur rouge et noire. Les Étrusques ont précédé les Romains en Toscane.

LE BARON

Ma nièce rouge de colère! Cela est inouï! Et comment savez vous
que c'était de colère? Elle pouvait être rouge pour mille raisons;
elle avait sans doute poursuivi quelques papillons dans mon
parterre.

MAÎTRE BLAZIUS

530 Je ne puis rien affirmer là-dessus; cela se peut; mais elle s'écriait
avec force: Allez-y! Trouvez-le! Faites ce qu'on vous dit! Vous
êtes une sotte! Je le veux! Et elle frappait avec son éventail sur le
coude de dame Pluche, qui faisait un soubresaut dans la luzerne
à chaque exclamation.

LE BARON

535 Dans la luzerne?... Et que répondait la gouvernante aux extra-
vagances de ma nièce? car cette conduite mérite d'être quali-
fiée ainsi.

MAÎTRE BLAZIUS

La gouvernante répondait: Je ne veux pas y aller! Je ne l'ai pas
trouvé! Il fait la cour aux filles du village, à des gardeuses de din-
540 dons! Je suis trop vieille pour commencer à porter des messages
d'amour; grâce à Dieu, j'ai vécu les mains pures jusqu'ici; — et
tout en parlant elle froissait dans ses mains un petit papier plié
en quatre.

LE BARON

Je n'y comprends rien; mes idées s'embrouillent tout à fait. Quelle
545 raison pouvait avoir dame Pluche pour froisser un papier plié en
quatre en faisant des soubresauts dans une luzerne? Je ne puis
ajouter foi à de pareilles monstruosités.

MAÎTRE BLAZIUS

Ne comprenez-vous pas clairement, seigneur, ce que cela
signifiait?

LE BARON

550 Non, en vérité, non, mon ami, je n'y comprends absolument rien.
Tout cela me paraît une conduite désordonnée, il est vrai, mais
sans motif comme sans excuse.

MAÎTRE BLAZIUS
Cela veut dire que votre nièce a une correspondance secrète.

LE BARON
Que dites-vous? Songez-vous de qui vous parlez? Pesez vos paroles,
monsieur l'abbé.

MAÎTRE BLAZIUS
Je les pèserais dans la balance céleste qui doit peser mon âme au
jugement dernier[1], que je n'y trouverais pas un mot qui sente la
fausse monnaie. Votre nièce a une correspondance secrète.

LE BARON
Mais songez donc, mon ami, que cela est impossible.

MAÎTRE BLAZIUS
Pourquoi aurait-elle chargé sa gouvernante d'une lettre? Pourquoi aurait-elle crié: *Trouvez-le!* tandis que l'autre boudait et
rechignait?

LE BARON
Et à qui était adressée cette lettre?

MAÎTRE BLAZIUS
Voilà, précisément le *hic*, monseigneur, *hic jacet lepus*[2]. À qui était
adressée cette lettre? À un homme qui fait la cour à une gardeuse
de dindons. Or, un homme qui recherche en public une gardeuse
de dindons peut être soupçonné violemment d'être né pour les
garder lui-même. Cependant il est impossible que votre nièce,
avec l'éducation qu'elle a reçue, soit éprise d'un tel homme; voilà

1. *Je les pèserais dans la balance céleste qui doit peser mon âme au jugement dernier*: dans
la religion catholique, au Jugement dernier, l'âme des morts est pesée par Saint-Michel.
Selon le côté duquel le plateau de la balance penchera, l'âme fera partie des élus ou,
dans le cas contraire, sera repoussée parmi les damnés.

2. hic jacet lepus: littéralement, «c'est ici que gîte le lièvre», c'est ici que se trouve la
difficulté, voilà le problème. Le premier «hic» peut être compris de deux façons différentes: un problème mais aussi un effet de l'ivresse?

570 ce que je dis, et ce qui fait que je n'y comprends rien non plus que
vous[1], révérence parler[2].

LE BARON

Ô ciel! Ma nièce m'a déclaré ce matin même qu'elle refusait son
cousin Perdican. Aimerait-elle un gardeur de dindons? Passons
dans mon cabinet; j'ai éprouvé depuis hier des secousses si vio-
575 lentes, que je ne puis rassembler mes idées.

Ils sortent.

SCÈNE 5.
Une fontaine dans un bois.
Entre PERDICAN, *lisant un billet.*

« Trouvez-vous à midi à la petite fontaine. » Que veut dire cela?
Tant de froideur, un refus si positif[3], si cruel, un orgueil si insen-
sible, et un rendez-vous par-dessus tout? Si c'est pour me parler
d'affaires, pourquoi choisir un pareil endroit? Est-ce une coquette-
580 rie? Ce matin, en me promenant avec Rosette, j'ai entendu remuer
dans les broussailles, et il m'a semblé que c'était un pas de biche. Y
a-t-il ici quelque intrigue?

Entre Camille.

CAMILLE

Bonjour, cousin; j'ai cru m'apercevoir, à tort ou à raison, que vous
me quittiez tristement ce matin. Vous m'avez pris la main malgré
585 moi, je viens vous demander de me donner la vôtre. Je vous ai
refusé un baiser, le voilà. *(Elle l'embrasse.)* Maintenant, vous m'avez

---

1. *rien non plus que vous*: rien de plus que vous.

2. *révérence parler*: sauf votre respect. « Populairement [...], excuse dont on se sert quand
on dit quelque chose qui pourrait déplaire ou blesser. » (*Littré*, 1872)

3. *positif*: net, assuré.

Sophie Faucher (Camille) et David La Haye (Perdican). Mise en scène d'Olivier Reichenbach, Théâtre du Nouveau Monde, saison 1990-1991.

© Photo: Robert Etcheverry.

dit que vous seriez bien aise de causer de bonne amitié. Asseyez-vous là, et causons.

Elle s'assoit.

PERDICAN

Avais-je fait un rêve, ou en fais-je un autre en ce moment?

CAMILLE

590 Vous avez trouvé singulier de recevoir un billet de moi, n'est-ce pas? Je suis d'humeur changeante; mais vous m'avez dit ce matin un mot très juste: «Puisque nous nous quittons, quittons-nous bons amis.» Vous ne savez pas la raison pour laquelle je pars, et je viens vous la dire: je vais prendre le voile.

PERDICAN

595 Est-ce possible? Est-ce toi, Camille, que je vois dans cette fontaine, assise sur les marguerites, comme aux jours d'autrefois?

CAMILLE

Oui, Perdican, c'est moi. Je viens revivre un quart d'heure de la vie passée. Je vous ai paru brusque et hautaine; cela est tout simple, j'ai renoncé au monde[1]. Cependant, avant de le quitter, je serais
600 bien aise d'avoir votre avis. Trouvez-vous que j'aie raison de me faire religieuse?

PERDICAN

Ne m'interrogez pas là-dessus, car je ne me ferai jamais moine.

CAMILLE

Depuis près de dix ans que nous avons vécu éloignés l'un de l'autre, vous avez commencé l'expérience de la vie. Je sais quel homme
605 vous êtes, et vous devez avoir beaucoup appris en peu de temps avec un cœur et un esprit comme les vôtres. Dites-moi, avez-vous eu des maîtresses?

---

1. *renoncé au monde*: pour se consacrer à la vie religieuse, Camille doit cesser d'être attachée aux choses matérielles de ce monde. En contexte, ce que veut dire Camille, c'est qu'elle a renoncé à l'amour charnel, donc à celui qu'elle pourrait aimer.

PERDICAN

Pourquoi cela ?

CAMILLE

Répondez-moi, je vous en prie, sans modestie et sans fatuité.

PERDICAN

610 J'en ai eu.

CAMILLE

Les avez-vous aimées ?

PERDICAN

De tout mon cœur.

CAMILLE

Où sont-elles maintenant ? Le savez-vous ?

PERDICAN

Voilà, en vérité, des questions singulières. Que voulez-vous que je
615 vous dise ? Je ne suis ni leur mari ni leur frère ; elles sont allées où
bon leur a semblé.

CAMILLE

Il doit nécessairement y en avoir une que vous ayez préférée aux
autres. Combien de temps avez-vous aimé celle que vous avez
aimée le mieux ?

PERDICAN

620 Tu es une drôle de fille ! Veux-tu te faire mon confesseur ?

CAMILLE

C'est une grâce que je vous demande, de me répondre sincèrement. Vous n'êtes point un libertin, et je crois que votre
cœur a de la probité. Vous avez dû inspirer l'amour, car
vous le méritez, et vous ne vous seriez pas livré à un caprice.
625 Répondez-moi, je vous en prie.

PERDICAN

Ma foi, je ne m'en souviens pas.

CAMILLE

Connaissez-vous un homme qui n'ait aimé qu'une femme ?

PERDICAN

Il y en a certainement.

CAMILLE

Est-ce un de vos amis? Dites-moi son nom.

PERDICAN

630 Je n'ai pas de nom à vous dire; mais je crois qu'il y a des hommes capables de n'aimer qu'une fois.

CAMILLE

Combien de fois un honnête homme peut-il aimer?

PERDICAN

Veux-tu me faire réciter une litanie, ou récites-tu toi-même un catéchisme[1]?

CAMILLE

635 Je voudrais m'instruire, et savoir si j'ai tort ou raison de me faire religieuse. Si je vous épousais, ne devriez-vous pas répondre avec franchise à toutes mes questions, et me montrer votre cœur à nu? Je vous estime beaucoup, et je vous crois, par votre éducation et par votre nature, supérieur à beaucoup d'autres hommes. Je suis

640 fâchée[2] que vous ne vous souveniez plus de ce que je vous demande; peut-être en vous connaissant mieux je m'enhardirais.

PERDICAN

Où veux-tu en venir? Parle; je répondrai.

CAMILLE

Répondez donc à ma première question. Ai-je raison de rester au couvent?

PERDICAN

645 Non.

CAMILLE

Je ferais donc mieux de vous épouser?

PERDICAN

Oui.

---

1. *catéchisme*: enseignement, formulé par questions et réponses, de la croyance et des usages de la religion chrétienne; mais aussi, répétition sans discernement de ces éléments.

2. *fâchée*: peinée, déçue.

CAMILLE

Si le curé de votre paroisse soufflait sur un verre d'eau, et vous disait que c'est un verre de vin[1], le boiriez-vous comme tel?

PERDICAN

650   Non.

CAMILLE

Si le curé de votre paroisse soufflait sur vous, et me disait que vous m'aimerez toute votre vie, aurais-je raison de le croire?

PERDICAN

Oui et non.

CAMILLE

Que me conseilleriez-vous de faire le jour où je verrais que vous
655   ne m'aimez plus?

PERDICAN

De prendre un amant.

CAMILLE

Que ferai-je ensuite le jour où mon amant ne m'aimera plus?

PERDICAN

Tu en prendras un autre.

CAMILLE

Combien de temps cela durera-t-il?

PERDICAN

660   Jusqu'à ce que tes cheveux soient gris, et alors les miens seront blancs.

CAMILLE

Savez-vous ce que c'est que les cloîtres, Perdican? Vous êtes-vous jamais assis un jour entier sur le banc d'un monastère de femmes?

PERDICAN

665   Oui; je m'y suis assis.

---

1. *un verre d'eau [...] un verre de vin*: allusion probable au miracle des noces de Cana, où Jésus changea l'eau en vin (Jn 2, 1-11).

CAMILLE

J'ai pour amie une sœur qui n'a que trente ans, et qui a eu cinq cent mille livres de revenu à l'âge de quinze ans. C'est la plus belle et la plus noble créature qui ait marché sur terre. Elle était pairesse[1] du parlement, et avait pour mari un des hommes les plus distingués de France. Aucune des nobles facultés humaines n'était restée sans culture en elle ; et, comme un arbrisseau d'une sève choisie, tous ses bourgeons avaient donné des ramures. Jamais l'amour et le bonheur ne poseront leur couronne fleurie sur un front plus beau ; son mari l'a trompée ; elle a aimé un autre homme et elle se meurt de désespoir.

PERDICAN

Cela est possible.

CAMILLE

Nous habitons la même cellule, et j'ai passé des nuits entières à parler de ses malheurs ; ils sont presque devenus les miens ; cela est singulier, n'est-ce pas ? Je ne sais trop comment cela se fait. Quand elle me parlait de son mariage, quand elle me peignait d'abord l'ivresse des premiers jours, puis la tranquillité des autres, et comme enfin tout s'était envolé ; comme elle était assise le soir au coin du feu, et lui auprès de la fenêtre, sans se dire un seul mot ; comme leur amour avait langui, et comme tous les efforts pour se rapprocher n'aboutissaient qu'à des querelles ; comme une figure étrangère est venue peu à peu se placer entre eux et se glisser dans leurs souffrances, c'était moi que je voyais agir tandis qu'elle parlait. Quand elle disait : « Là, j'ai été heureuse », mon cœur bondissait ; et quand elle ajoutait : « Là, j'ai pleuré », mes larmes coulaient. Mais figurez-vous quelque chose de plus singulier encore ; j'avais fini par me créer une vie imaginaire ;

---

1. *pairesse* : femme d'un pair. Le titre remonte au système féodal français. À l'époque de Musset, les pairs siègent au conseil législatif du parlement. Ils ont été réhabilités dans les Constitutions de 1814, sous Napoléon (1769-1821), et de 1830, sous Louis-Philippe (1773-1850). Mais *pairesse* se dit aussi « des femmes qui, en Angleterre, possèdent une pairie femelle » (*Dictionnaire de l'Académie française*, 6ᵉ édition, 1832-5).

cela a duré quatre ans ; il est inutile de vous dire par combien de réflexions, de retours sur moi-même, tout cela est venu. Ce que je voulais vous raconter comme une curiosité, c'est que tous les

695 récits de Louise, toutes les fictions de mes rêves portaient votre ressemblance.

PERDICAN

Ma ressemblance, à moi ?

CAMILLE

Oui, et cela est naturel : vous étiez le seul homme que j'eusse connu. En vérité, je vous ai aimé, Perdican.

PERDICAN

700 Quel âge as-tu, Camille ?

CAMILLE

Dix-huit ans.

PERDICAN

Continue, continue ; j'écoute.

CAMILLE

Il y a deux cents femmes dans notre couvent ; un petit nombre de ces femmes ne connaîtra jamais la vie, et tout le reste attend

705 la mort. Plus d'une parmi elles sont sorties du monastère comme j'en sors aujourd'hui, vierges et pleines d'espérances. Elles sont revenues peu de temps après, vieilles et désolées. Tous les jours il en meurt dans nos dortoirs, et tous les jours il en vient de nouvelles prendre la place des mortes sur les matelas de crin.

710 Les étrangers qui nous visitent admirent le calme et l'ordre de la maison ; ils regardent attentivement la blancheur de nos voiles ; mais ils se demandent pourquoi nous les rabaissons sur nos yeux. Que pensez-vous de ces femmes, Perdican ? Ont-elles tort, ou ont-elles raison ?

PERDICAN

715 Je n'en sais rien.

CAMILLE

Il s'en est trouvé quelques-unes qui me conseillent de rester vierge. Je suis bien aise de vous consulter. Croyez-vous que ces femmes-là auraient mieux fait de prendre un amant et de me conseiller d'en faire autant?

PERDICAN

720 Je n'en sais rien.

CAMILLE

Vous aviez promis de me répondre.

PERDICAN

J'en suis dispensé tout naturellement; je ne crois pas que ce soit toi qui parles.

CAMILLE

Cela se peut, il doit y avoir dans toutes mes idées des choses très
725 ridicules. Il se peut bien qu'on m'ait fait la leçon, et que je ne sois qu'un perroquet mal appris[1]. Il y a dans la galerie un petit tableau qui représente un moine courbé sur un missel; à travers les barreaux obscurs de sa cellule glisse un faible rayon de soleil, et on aperçoit une locanda[2] italienne, devant laquelle danse un chevrier.
730 Lequel de ces deux hommes estimez-vous davantage?

PERDICAN

Ni l'un ni l'autre et tous les deux. Ce sont deux hommes de chair et d'os; il y en a un qui lit et un autre qui danse; je n'y vois pas autre chose. Tu as raison de te faire religieuse.

CAMILLE

Vous me disiez non tout à l'heure.

PERDICAN

735 Ai-je dit non? Cela est possible.

CAMILLE

Ainsi vous me le conseillez?

PERDICAN

Ainsi tu ne crois à rien?

---

1. *perroquet mal appris*: personne qui répète mal ce qu'on lui a appris.

2. *locanda*: auberge italienne.

CAMILLE

Lève la tête, Perdican! Quel est l'homme qui ne croit à rien?

PERDICAN

Se levant. En voilà un; je ne crois pas à la vie immortelle. Ma sœur chérie, les religieuses t'ont donné leur expérience; mais, crois-moi, ce n'est pas la tienne; tu ne mourras pas sans aimer.

CAMILLE

Je veux aimer, mais je ne veux pas souffrir; je veux aimer d'un amour éternel, et faire des serments qui ne se violent pas. Voilà mon amant.

Elle montre son crucifix.

PERDICAN

Cet amant-là n'exclut pas les autres.

CAMILLE

Pour moi, du moins, il les exclura. Ne souriez pas, Perdican! Il y a dix ans que je ne vous ai vu, et je pars demain. Dans dix autres années, si nous nous revoyons, nous en reparlerons. J'ai voulu ne pas rester dans votre souvenir comme une froide statue; car l'insensibilité mène au point où j'en suis. Écoutez-moi; retournez à la vie, et tant que vous serez heureux, tant que vous aimerez comme on peut aimer sur la terre, oubliez votre sœur Camille; mais s'il vous arrive jamais d'être oublié ou d'oublier vous-même, si l'ange de l'espérance vous abandonne, lorsque vous serez seul avec le vide dans le cœur, pensez à moi qui prierai pour vous.

PERDICAN

Tu es une orgueilleuse; prends garde à toi.

CAMILLE

Pourquoi?

PERDICAN

Tu as dix-huit ans, et tu ne crois pas à l'amour?

CAMILLE

Y croyez-vous, vous qui parlez ? Vous voilà courbé près de moi avec des genoux qui se sont usés sur les tapis de vos maîtresses, et vous n'en savez plus le nom. Vous avez pleuré des larmes de joie et des larmes de désespoir ; mais vous saviez que l'eau des sources est plus
765   constante que vos larmes, et qu'elle serait toujours là pour laver vos paupières gonflées. Vous faites votre métier de jeune homme, et vous souriez quand on vous parle de femmes désolées ; vous ne croyez pas qu'on puisse mourir d'amour, vous qui vivez et qui avez aimé. Qu'est-ce donc que le monde ? Il me semble que vous
770   devez cordialement mépriser les femmes qui vous prennent tel que vous êtes, et qui chassent leur dernier amant pour vous attirer dans leurs bras avec les baisers d'une autre sur les lèvres. Je vous demandais tout à l'heure si vous aviez aimé ; vous m'avez répondu comme un voyageur à qui l'on demanderait s'il a été en Italie ou en
775   Allemagne, et qui dirait : Oui, j'y ai été ; puis qui penserait à aller en Suisse, ou dans le premier pays venu. Est-ce donc une monnaie que votre amour, pour qu'il puisse passer ainsi de mains en mains jusqu'à la mort ? Non, ce n'est pas même une monnaie ; car la plus mince pièce d'or vaut mieux que vous, et dans quelques mains
780   qu'elle passe elle garde son effigie.

PERDICAN

Que tu es belle, Camille, lorsque tes yeux s'animent !

CAMILLE

Oui, je suis belle, je le sais. Les complimenteurs ne m'apprendront rien ; la froide nonne qui coupera mes cheveux pâlira peut-être de sa mutilation ; mais ils ne se changeront pas en bagues et en
785   chaînes[1] pour courir les boudoirs ; il n'en manquera pas un seul sur ma tête lorsque le fer[2] y passera ; je ne veux qu'un coup de ciseau,

---

1. *en bagues et en chaînes* : dans la tradition courtoise, la femme donnait à son amant une mèche de cheveux qu'il conservait dans un médaillon fermé. Par extension, Camille parle, ici, de « bagues » et de « chaînes ».

2. *fer* : par synecdoque, le « fer » signifie ici le « ciseau ».

et quand le prêtre qui me bénira me mettra au doigt l'anneau d'or[1] de mon époux céleste, la mèche de cheveux que je lui donnerai pourra lui[2] servir de manteau.

PERDICAN

790 Tu es en colère, en vérité.

CAMILLE

J'ai eu tort de parler ; j'ai ma vie entière sur les lèvres. Ô Perdican ! ne raillez pas ; tout cela est triste à mourir.

PERDICAN

Pauvre enfant, je te laisse dire, et j'ai bien envie de te répondre un mot. Tu me parles d'une religieuse qui me paraît avoir eu sur toi 795 une influence funeste ; tu dis qu'elle a été trompée, qu'elle a trompé elle-même, et qu'elle est désespérée. Es-tu sûre que si son mari ou son amant revenait lui tendre la main à travers la grille du parloir, elle ne lui tendrait pas la sienne ?

CAMILLE

Qu'est-ce que vous dites ? J'ai mal entendu.

PERDICAN

800 Es-tu sûre que si son mari ou son amant revenait lui dire de ouffrir encore, elle répondrait non ?

CAMILLE

Je le crois.

PERDICAN

Il y a deux cents femmes dans ton monastère, et la plupart ont au fond du cœur des blessures profondes ; elles te les ont fait toucher ; 805 et elles ont coloré ta pensée virginale des gouttes de leur sang. Elles ont vécu, n'est-ce pas ? et elles t'ont montré avec horreur la

---

1. *anneau d'or* : au moment de prononcer ses vœux, on remettait à la religieuse un jonc pour symboliser qu'elle devenait l'épouse de Dieu.

2. *que je lui donnerai pourra lui* : ces « lui » renvoient non pas au prêtre mais à l'Époux céleste.

route de leur vie; tu t'es signée[1] devant leurs cicatrices, comme devant les plaies de Jésus[2]; elles t'ont fait une place dans leurs processions lugubres, et tu te serres contre ces corps décharnés avec une crainte religieuse, lorsque tu vois passer un homme. Es-tu sûre que si l'homme qui passe était celui qui les a trompées, celui pour qui elles pleurent et elles souffrent, celui qu'elles maudissent en priant Dieu, es-tu sûre qu'en le voyant elles ne briseraient pas leurs chaînes pour courir à leurs malheurs passés, et pour presser leurs poitrines sanglantes sur le poignard qui les a meurtries? Ô mon enfant! Sais-tu les rêves de ces femmes qui te disent de ne pas rêver? Sais-tu quel nom elles murmurent quand les sanglots qui sortent de leurs lèvres font trembler l'hostie qu'on leur présente? Elles qui s'assoient près de toi avec leurs têtes branlantes pour verser dans ton oreille leur vieillesse flétrie, elles qui sonnent dans les ruines de ta jeunesse le tocsin de leur désespoir, et qui font sentir à ton sang vermeil la fraîcheur de leurs tombes, sais-tu qui elles sont?

CAMILLE
Vous me faites peur; la colère vous prend aussi.

PERDICAN
Sais-tu ce que c'est que des nonnes, malheureuse fille? Elles qui te représentent l'amour des hommes comme un mensonge, savent-elles qu'il y a pis encore, le mensonge de l'amour divin? Savent-elles que c'est un crime qu'elles font, de venir chuchoter à une vierge des paroles de femme? Ah! comme elles t'ont fait la leçon! Comme j'avais prévu tout cela quand tu t'es arrêtée devant le portrait de notre vieille tante! Tu voulais partir sans me serrer la main; tu ne voulais revoir ni ce bois, ni cette pauvre petite fontaine qui nous regarde tout en larmes; tu reniais les jours de ton

---

1. *tu t'es signée*: tu as fait le signe de la croix. Chez les catholiques romains, on fait le signe de la croix en portant la main droite au front, à la poitrine et aux épaules gauche et droite.

2. *les plaies de Jésus*: les stigmates de la crucifixion de Jésus.

enfance ; et le masque de plâtre[1] que les nonnes t'ont plaqué sur
835   les joues me refusait un baiser de frère ; mais ton cœur a battu ; il
a oublié sa leçon, lui qui ne sait pas lire, et tu es revenue t'asseoir
sur l'herbe où nous voilà. Eh bien ! Camille, ces femmes ont bien
parlé ; elles t'ont mise dans le vrai chemin ; il pourra m'en coûter
le bonheur de ma vie ; mais dis-leur cela de ma part : le ciel n'est
840   pas pour elles.

CAMILLE

Ni pour moi, n'est-ce pas ?

PERDICAN

Adieu, Camille, retourne à ton couvent, et lorsqu'on te fera de
ces récits hideux qui t'ont empoisonnée, réponds ce que je vais te
dire : Tous les hommes sont menteurs, inconstants, faux, bavards,
845   hypocrites, orgueilleux et lâches, méprisables et sensuels ; toutes
les femmes sont perfides, artificieuses, vaniteuses, curieuses et
dépravées ; le monde n'est qu'un égout sans fond où les phoques les
plus informes rampent et se tordent sur des montagnes de fange ;
mais il y a au monde une chose sainte et sublime, c'est l'union de
850   deux de ces êtres si imparfaits et si affreux. On est souvent trompé
en amour, souvent blessé et souvent malheureux ; mais on aime, et
quand on est sur le bord de sa tombe, on se retourne pour regarder
en arrière ; et on se dit : « J'ai souffert souvent, je me suis trompé
quelquefois, mais j'ai aimé. C'est moi qui ai vécu, et non pas un
855   être factice créé par mon orgueil et mon ennui. »

Il sort.

---

1. *masque de plâtre* : visage sans émotion. En référence à l'austérité de la vie religieuse
d'alors.

ACTE III

SCÈNE 1.
Devant le château.
Entrent LE BARON *et* MAÎTRE BLAZIUS.

LE BARON
Indépendamment de votre ivrognerie, vous êtes un bélître[1], maître
Blazius. Mes valets vous voient entrer furtivement dans l'office[2],
et quand vous êtes convaincu d'avoir volé mes bouteilles de la
manière la plus pitoyable, vous croyez vous justifier en accusant
860 ma nièce d'une correspondance secrète.

MAÎTRE BLAZIUS
Mais, monseigneur, veuillez vous rappeler…

LE BARON
Sortez, monsieur l'abbé, et ne reparaissez jamais devant moi! Il est
déraisonnable d'agir comme vous le faites, et ma gravité m'oblige
à ne vous pardonner de ma vie.

Il sort; maître Blazius le suit. Entre Perdican.

PERDICAN
865 Je voudrais bien savoir si je suis amoureux. D'un côté, cette
manière d'interroger est tant soit peu cavalière[3], pour une fille de
dix-huit ans; d'un autre, les idées que ces nonnes lui ont fourrées
dans la tête auront de la peine à se corriger. De plus, elle doit partir
aujourd'hui. Diable! Je l'aime, cela est sûr. Après tout, qui sait?
870 Peut-être elle répétait une leçon, et d'ailleurs il est clair qu'elle ne

---

1. *bélître*: stupide et ignorant. «Terme d'injure et de mépris. Coquin, gueux, homme
de néant […].» (*Dictionnaire de l'Académie française*, 6ᵉ édition, 1832-5)

2. *office*: «lieu près de la cuisine où mangent les domestiques, où on serre les viandes
et les choses nécessaires pour le service de la table» (Furetière). S'y trouvent également
les mets et les vins prévus pour le repas.

3. *tant soit peu cavalière*: un peu inconvenante et impertinente.

se soucie pas de moi. D'une autre part, elle a beau être jolie, cela n'empêche pas qu'elle n'ait des manières beaucoup trop décidées, et un ton trop brusque. Je n'ai qu'à n'y plus penser; il est clair que je ne l'aime pas. Cela est certain qu'elle est jolie; mais pourquoi
875 cette conversation d'hier ne veut-elle pas me sortir de la tête? En vérité, j'ai passé la nuit à radoter. Où vais-je donc? — Ah! je vais au village.

Il sort.

SCÈNE 2.
Un chemin.
Entre MAÎTRE BRIDAINE.

Que font-ils maintenant? Hélas! voilà midi. — Ils sont à table. Que mangent-ils? Que ne mangent-ils pas? J'ai vu la cuisinière
880 traverser le village, avec un énorme dindon. L'aide portait les truffes, avec un panier de raisin.

Entre maître Blazius.

MAÎTRE BLAZIUS
Ô disgrâce imprévue! Me voilà chassé du château, par conséquent de la salle à manger. Je ne boirai plus le vin de l'office.

MAÎTRE BRIDAINE
Je ne verrai plus fumer les plats; je ne chaufferai plus au feu de la
885 noble cheminée mon ventre copieux[1].

MAÎTRE BLAZIUS
Pourquoi une fatale curiosité m'a-t-elle poussé à écouter le dialogue de dame Pluche et de sa nièce? Pourquoi ai-je rapporté au baron tout ce que j'ai vu?

---

1. *ventre copieux*: gros ventre.

MAÎTRE BRIDAINE
Pourquoi un vain orgueil m'a-t-il éloigné de ce dîner honorable,
où j'étais si bien accueilli? Que m'importait d'être à droite ou à
gauche?

MAÎTRE BLAZIUS
Hélas! j'étais gris[1], il faut en convenir, lorsque j'ai fait cette folie.

MAÎTRE BRIDAINE
Hélas! le vin m'avait monté à la tête quand j'ai commis cette
imprudence.

MAÎTRE BLAZIUS
Il me semble que voilà le curé.

MAÎTRE BRIDAINE
C'est le gouverneur en personne.

MAÎTRE BLAZIUS
Oh! oh! Monsieur le curé, que faites-vous là?

MAÎTRE BRIDAINE
Moi! Je vais dîner. N'y venez-vous pas?

MAÎTRE BLAZIUS
Pas aujourd'hui. Hélas! maître Bridaine, intercédez pour moi; le
baron m'a chassé. J'ai accusé faussement mademoiselle Camille
d'avoir une correspondance secrète, et cependant Dieu m'est
témoin que j'ai vu ou que j'ai cru voir dame Pluche dans la luzerne.
Je suis perdu, monsieur le curé.

MAÎTRE BRIDAINE
Que m'apprenez-vous là?

MAÎTRE BLAZIUS
Hélas! hélas! la vérité. Je suis en disgrâce complète pour avoir volé
une bouteille.

---

1. *j'étais gris*: je commençais à être ivre.

MAÎTRE BRIDAINE

Que parlez-vous, messire, de[1] bouteilles volées à propos d'une luzerne et d'une correspondance ?

MAÎTRE BLAZIUS

Je vous supplie de plaider ma cause. Je suis honnête, seigneur Bridaine. Ô digne seigneur Bridaine, je suis votre serviteur !

MAÎTRE BRIDAINE, *à part.*

Ô fortune ! Est-ce un rêve ? Je serai donc assis sur toi, ô chaise bienheureuse !

MAÎTRE BLAZIUS

Je vous serai reconnaissant d'écouter mon histoire, et de vouloir bien m'excuser, brave seigneur, cher curé.

MAÎTRE BRIDAINE

Cela m'est impossible, monsieur, il est midi sonné, et je m'en vais dîner. Si le baron se plaint de vous, c'est votre affaire. Je n'intercède point pour un ivrogne. *(À part.)* Vite, volons à la grille ; et toi, mon ventre, arrondis-toi.

Il sort en courant.

MAÎTRE BLAZIUS, *seul.*

Misérable Pluche ! C'est toi qui payeras pour tous ; oui, c'est toi qui es la cause de ma ruine, femme déhontée[2], vile entremetteuse, c'est à toi que je dois cette disgrâce. Ô sainte université de Paris[3] ! On me traite d'ivrogne ! Je suis perdu si je ne saisis une lettre, et si je ne prouve au baron que sa nièce a une correspondance. Je l'ai vue ce matin écrire à son bureau. Patience ! Voici du nouveau. *(Passe dame Pluche portant une lettre.)* Pluche, donnez-moi cette lettre.

---

1. *Que parlez-vous, messire, de* : (tournure figée et très littéraire) pourquoi parlez-vous, messire, de.

2. *déhontée* : « qui est sans honte » (*Littré*, 1872).

3. *Ô sainte université de Paris* : cette invocation de maître Blazius, gouverneur de Perdican, rappelle celle de maître Bridaine qui s'exclame, à l'acte II, scène 2 : « Ô sainte Église catholique ! » (ligne 463)

DAME PLUCHE

Que signifie cela? C'est une lettre de ma maîtresse que je vais mettre à la poste au village.

MAÎTRE BLAZIUS

Donnez-la-moi, ou vous êtes morte.

DAME PLUCHE

Moi, morte! Morte, Marie, Jésus, vierge et martyr[1]!

MAÎTRE BLAZIUS

930 Oui, morte, Pluche; donnez-moi ce papier.

Ils se battent. Entre Perdican.

PERDICAN

Qu'y a-t-il? Que faites-vous, Blazius? Pourquoi violenter cette femme?

DAME PLUCHE

Rendez-moi la lettre. Il me l'a prise, seigneur; justice!

MAÎTRE BLAZIUS

C'est une entremetteuse, seigneur. Cette lettre est un billet doux.

DAME PLUCHE

935 C'est une lettre de Camille, seigneur, de votre fiancée.

MAÎTRE BLAZIUS

C'est un billet doux à un gardeur de dindons.

DAME PLUCHE

Tu en as menti[2], abbé. Apprends cela de moi.

PERDICAN

Donnez-moi cette lettre, je ne comprends rien à votre dispute; mais, en qualité de fiancé de Camille, je m'arroge le droit de la lire.

Il lit.

---

1. *Marie, Jésus, vierge et martyr*: invocation qui rappelle le traditionnel «Jésus, Marie, Joseph». «Vierge et martyr» s'accorde ici avec «Jésus».

2. *Tu en as menti*: (tournure vieillie) tu as menti en disant cela.

940 « À la sœur Louise, au couvent de * * *. » *(À part.)* Quelle maudite curiosité me saisit malgré moi ! Mon cœur bat avec force, et je ne sais ce que j'éprouve. — Retirez-vous, dame Pluche, vous êtes une digne femme, et maître Blazius est un sot. Allez dîner ; je me charge de mettre cette lettre à la poste.

Sortent maître Blazius et dame Pluche.

PERDICAN, *seul.*

945 Que ce soit un crime d'ouvrir une lettre, je le sais trop bien pour le faire. Que peut dire Camille à cette sœur ? Suis-je donc amoureux ? Quel empire a donc pris sur moi cette singulière fille, pour que les trois mots écrits sur cette adresse me fassent trembler la main ? Cela est singulier ; Blazius, en se débattant avec dame Pluche, a

950 fait sauter le cachet. Est-ce un crime de rompre le pli[1] ? Bon, je n'y changerai rien. *(Il ouvre la lettre et lit.)*

« Je pars aujourd'hui, ma chère, et tout est arrivé comme je l'avais prévu. C'est une terrible chose ; mais ce pauvre jeune homme a le poignard dans le cœur ; il ne se consolera pas de

955 m'avoir perdue. Cependant j'ai fait tout au monde pour le dégoûter de moi. Dieu me pardonnera de l'avoir réduit au désespoir par mon refus. Hélas ! ma chère, que pouvais-je y faire ? Priez pour moi ; nous nous reverrons demain et pour toujours. Toute à vous du meilleur de mon âme.

960 *Camille.* »

Est-il possible ? Camille écrit cela ? C'est de moi qu'elle parle ainsi. Moi au désespoir de son refus ! Eh ! bon Dieu ! Si cela était vrai, on le verrait bien ; quelle honte peut-il y avoir à aimer ? Elle a

---

1. *[…] a fait sauter le cachet. Est-ce un crime de rompre le pli ?* : au XVIIIe siècle, il n'y avait pas encore d'enveloppe. On écrivait sur une feuille que l'on pliait et sur laquelle on apposait un sceau ou un cachet, généralement en cire, que l'on devait rompre, c'est-à-dire séparer en deux. C'était la façon de cacheter et de décacheter une lettre.

fait tout au monde pour me dégoûter, dit-elle, et j'ai le poignard
dans le cœur? Quel intérêt peut-elle avoir à inventer un roman
pareil? Cette pensée que j'avais cette nuit est-elle donc vraie?
Ô femmes! Cette pauvre Camille a peut-être une grande piété!
C'est de bon cœur qu'elle se donne à Dieu, mais elle a résolu et
décrété qu'elle me laisserait au désespoir. Cela était convenu
entre les bonnes amies avant de partir du couvent. On a décidé
que Camille allait revoir son cousin, qu'on le lui voudrait faire
épouser, qu'elle refuserait, et que le cousin serait désolé. Cela est
si intéressant, une jeune fille qui fait à Dieu le sacrifice du bonheur d'un cousin! Non, non, Camille, je ne t'aime pas, je ne suis
pas au désespoir, je n'ai pas le poignard dans le cœur, et je te le
prouverai. Oui, tu sauras que j'en aime une autre avant de partir
d'ici. Holà! brave homme. (*Entre un paysan.*) Allez au château,
dites à la cuisine qu'on envoie un valet porter à mademoiselle
Camille le billet que voici.

Il écrit.

LE PAYSAN

Oui, monseigneur.

Il sort.

PERDICAN

Maintenant à l'autre. Ah! je suis au désespoir! Holà! Rosette,
Rosette!

Il frappe à une porte.

ROSETTE, *ouvrant.*

C'est vous, monseigneur! Entrez, ma mère y est.

PERDICAN

Mets ton plus beau bonnet, Rosette, et viens avec moi.

ROSETTE

985 Où donc ?

PERDICAN

Je te le dirai ; demande la permission à ta mère, mais dépêche-toi.

ROSETTE

Oui, monseigneur.

Elle rentre dans la maison.

PERDICAN

J'ai demandé un nouveau rendez-vous à Camille, et je suis sûr
qu'elle y viendra ; mais par le ciel, elle n'y trouvera pas ce qu'elle y
990 comptera trouver. Je veux faire la cour à Rosette devant Camille
elle-même.

SCÈNE 3.
Le petit bois.
Entrent CAMILLE *et* LE PAYSAN.

LE PAYSAN

Mademoiselle, je vais au château porter une lettre pour vous ;
faut-il que je vous la donne, ou que je la remette à la cuisine,
comme me l'a dit le seigneur Perdican ?

CAMILLE

995 Donne-la-moi.

LE PAYSAN

Si vous aimez mieux que je la porte au château, ce n'est pas la peine
de m'attarder.

CAMILLE

Je te dis de me la donner.

LE PAYSAN

Ce qui vous plaira.

Il donne la lettre.

CAMILLE
1000 Tiens, voilà pour ta peine.

LE PAYSAN
Grand merci ; je m'en vais, n'est-ce pas ?

CAMILLE
Si tu veux.

LE PAYSAN
Je m'en vais, je m'en vais.

Il sort.

CAMILLE, *lisant.*
Perdican me demande de lui dire adieu, avant de partir, près de
1005 la petite fontaine où je l'ai fait venir hier. Que peut-il avoir à me
dire ? Voilà justement la fontaine, et je suis toute portée[1]. Dois-je
accorder ce second rendez-vous ? Ah ! *(Elle se cache derrière un
arbre.)* Voilà Perdican qui approche avec Rosette, ma sœur de lait[2].
Je suppose qu'il va la quitter ; je suis bien aise de ne pas avoir l'air
1010 d'arriver la première.

Entrent Perdican et Rosette, qui s'assoient.

CAMILLE, *cachée, à part.*
Que veut dire cela ? Il la fait asseoir près de lui ? Me demande-t-il
un rendez-vous pour y venir causer avec une autre ? Je suis curieuse
de savoir ce qu'il lui dit.

PERDICAN, *à haute voix, de manière que Camille l'entende.*
Je t'aime, Rosette ! Toi seule au monde tu n'as rien oublié de nos
1015 beaux jours passés ; toi seule tu te souviens de la vie qui n'est plus ;

---

1. *je suis toute portée* : je suis arrivée à destination.

2. *sœur de lait* : qui a eu la même nourrice. Autrefois, chez les nobles, on faisait allaiter
   les jeunes enfants par une femme de condition modeste, qu'on appelait « nourrice »,
   et qui allaitait déjà un ou plusieurs enfants.

Gravure de Louis-Joseph Brugnot (1814-1845) représentant,
de gauche à droite, Rosette, Perdican et Camille.

prends ta part de ma vie nouvelle; donne-moi ton cœur, chère enfant; voilà le gage de notre amour.

Il lui pose sa chaîne sur le cou.

ROSETTE
Vous me donnez votre chaîne d'or?

PERDICAN
Regarde à présent cette bague. Lève-toi, et approchons-nous de cette fontaine. Nous vois-tu tous les deux, dans la source, appuyés l'un sur l'autre? Vois-tu tes beaux yeux près des miens, ta main dans la mienne? Regarde tout cela s'effacer. *(Il jette sa bague dans l'eau.)* Regarde comme notre image a disparu; la voilà qui revient peu à peu; l'eau qui s'était troublée reprend son équilibre; elle tremble encore; de grands cercles noirs courent à sa surface; patience, nous reparaissons; déjà je distingue de nouveau tes bras enlacés dans les miens; encore une minute, et il n'y aura plus une ride sur ton joli visage; regarde! C'était une bague que m'avait donnée Camille.

CAMILLE, *à part.*
Il a jeté ma bague dans l'eau.

PERDICAN
Sais-tu ce que c'est que l'amour, Rosette? Écoute! Le vent se tait; la pluie du matin roule en perles sur les feuilles séchées que le soleil ranime. Par la lumière du ciel, par le soleil que voilà, je t'aime! Tu veux bien de moi, n'est-ce pas? On n'a pas flétri ta jeunesse? On n'a pas infiltré dans ton sang vermeil les restes d'un sang affadi? Tu ne veux pas te faire religieuse; te voilà jeune et belle dans les bras d'un jeune homme. Ô Rosette, Rosette! Sais-tu ce que c'est que l'amour?

ROSETTE
Hélas! monsieur le docteur[1], je vous aimerai comme je pourrai.

---

1. *docteur*: personne promue au plus haut grade à l'université, peu importe la discipline.

PERDICAN

Oui, comme tu pourras; et tu m'aimeras mieux, tout docteur que
1040 je suis et toute paysanne que tu es, que ces pâles statues fabriquées
par les nonnes, qui ont la tête à la place du cœur, et qui sortent
des cloîtres pour venir répandre dans la vie l'atmosphère humide
de leurs cellules; tu ne sais rien; tu ne lirais pas dans un livre la
prière que ta mère t'apprend, comme elle l'a apprise de sa mère; tu
1045 ne comprends même pas le sens des paroles que tu répètes, quand
tu t'agenouilles au pied de ton lit; mais tu comprends bien que tu
pries, et c'est tout ce qu'il faut à Dieu.

ROSETTE

Comme vous me parlez, monseigneur!

PERDICAN

Tu ne sais pas lire; mais tu sais ce que disent ces bois et ces prairies, ces
1050 tièdes rivières, ces beaux champs couverts de moissons, toute cette
nature splendide de jeunesse. Tu reconnais tous ces milliers de frères,
et moi pour l'un d'entre eux; lève-toi, tu seras ma femme, et nous
prendrons racine ensemble dans la sève du monde tout-puissant.

Il sort avec Rosette.

SCÈNE 4.
Entre LE CHŒUR.

Il se passe assurément quelque chose d'étrange au château; Camille
1055 a refusé d'épouser Perdican; elle doit retourner aujourd'hui au couvent dont[1] elle est venue. Mais je crois que le seigneur son cousin s'est
consolé avec Rosette. Hélas! la pauvre fille ne sait pas quel danger
elle court en écoutant les discours d'un jeune et galant seigneur.

DAME PLUCHE, *entrant.*

Vite, vite, qu'on selle mon âne!

---

1. *dont*: d'où.

LE CHŒUR

1060 Passerez-vous comme un songe léger, ô vénérable dame? Allez-vous si promptement enfourcher derechef cette pauvre bête qui est si triste de vous porter?

DAME PLUCHE

Dieu merci, chère canaille, je ne mourrai pas ici.

LE CHŒUR

Mourez au loin, Pluche, ma mie; mourez inconnue dans un
1065 caveau[1] malsain. Nous ferons des vœux pour votre respectable résurrection.

DAME PLUCHE

Voici ma maîtresse qui s'avance. *(À Camille qui entre.)* Chère Camille, tout est prêt pour notre départ; le baron a rendu ses comptes, et mon âne est bâté[2].

CAMILLE

1070 Allez au diable, vous et votre âne; je ne partirai pas aujourd'hui.

Elle sort.

LE CHŒUR

Que veut dire ceci? Dame Pluche est pâle de terreur; ses faux cheveux tentent de se hérisser, sa poitrine siffle avec force et ses doigts s'allongent en se crispant[3].

DAME PLUCHE

Seigneur Jésus! Camille a juré!

Elle sort.

---

1. *caveau*: tombe. Perdican fait ici référence, au sens figuré, à la cellule du couvent de Camille.

2. *bâté*: sellé, dans le cas d'une bête de somme.

3. *ses faux cheveux tentent de se hérisser, sa poitrine siffle avec force et ses doigts s'allongent en se crispant*: allusion à une harpie.

SCÈNE 5.
Entrent LE BARON *et* MAÎTRE BRIDAINE.

MAÎTRE BRIDAINE

1075 Seigneur, il faut que je vous parle en particulier. Votre fils fait la cour à une fille du village.

LE BARON

C'est absurde, mon ami.

MAÎTRE BRIDAINE

Je l'ai vu distinctement passer dans la bruyère en lui donnant le bras ; il se penchait à son oreille et lui promettait de l'épouser.

LE BARON

1080 Cela est monstrueux.

MAÎTRE BRIDAINE

Soyez-en convaincu ; il lui a fait un présent considérable, que la petite a montré à sa mère.

LE BARON

Ô ciel ! Considérable, Bridaine ? En quoi considérable ?

MAÎTRE BRIDAINE

Pour le poids et pour la conséquence. C'est la chaîne d'or qu'il
1085 portait à son bonnet[1].

LE BARON

Passons dans mon cabinet ; je ne sais à quoi m'en tenir.

Ils sortent.

---

1. *la chaîne d'or qu'il portait à son bonnet* : depuis le Moyen Âge, le bonnet, la chaîne (ou la bague) d'or et le livre ouvert sont les insignes remis par l'université à celui qui est reçu docteur. « On dit, *Prendre le bonnet de Docteur*, & absolument, *Prendre le bonnet*, pour dire, Se faire recevoir Docteur. » (*Dictionnaire de l'Académie française*, 4ᵉ édition, 1762)

Scène 6.
La chambre de Camille.
Entrent Camille *et* Dame Pluche.

CAMILLE

Il a pris ma lettre, dites-vous ?

DAME PLUCHE

Oui, mon enfant, il s'est chargé de la mettre à la poste.

CAMILLE

1090 Allez au salon, dame Pluche ; et faites-moi le plaisir de dire à Perdican que je l'attends ici.

Dame Pluche sort.

CAMILLE

Il a lu ma lettre, cela est certain ; sa scène du bois est une vengeance, comme son amour pour Rosette. Il a voulu me prouver qu'il en aimait une autre que moi, et jouer l'indifférent malgré son dépit. Est-ce qu'il m'aimerait, par hasard ? *(Elle lève la tapisserie.)*
1095 Es-tu là, Rosette ?

ROSETTE, *entrant.*

Oui ; puis-je entrer ?

CAMILLE

Écoute-moi, mon enfant ; le seigneur Perdican ne te fait-il pas la cour ?

ROSETTE

Hélas ! oui.

CAMILLE

1100 Que penses-tu de ce qu'il t'a dit ce matin ?

ROSETTE

Ce matin ? Où donc ?

CAMILLE

Ne fais pas l'hypocrite. — Ce matin à la fontaine, dans le petit bois.

Gérard Philipe (Perdican) et Suzanne Flon (Camille).
Mise en scène de René Clair, Théâtre national populaire, février 1959.

© Roger Viollet, n° 4127-33.

ROSETTE

Vous m'avez donc vue?

CAMILLE

1105 Pauvre innocente! Non, je ne t'ai pas vue. Il t'a fait de beaux discours, n'est-ce pas? Gageons qu'il t'a promis de t'épouser.

ROSETTE

Comment le savez-vous?

CAMILLE

Qu'importe comment je le sais? Crois-tu à ses promesses, Rosette?

ROSETTE

1110 Comment n'y croirais-je pas? Il me tromperait donc? Pour quoi faire?

CAMILLE

Perdican ne t'épousera pas, mon enfant.

ROSETTE

Hélas! je n'en sais rien.

CAMILLE

Tu l'aimes, pauvre fille; il ne t'épousera pas, et la preuve, je vais te
1115 la donner; rentre derrière ce rideau, tu n'auras qu'à prêter l'oreille
et à venir quand je t'appellerai.

Rosette sort.

CAMILLE, *seule.*

Moi qui croyais faire un acte de vengeance, ferais-je un acte d'humanité? La pauvre fille a le cœur pris. *(Entre Perdican.)* Bonjour,
cousin, asseyez-vous.

PERDICAN

1120 Quelle toilette, Camille! À qui en voulez-vous?

CAMILLE

À vous, peut-être; je suis fâchée de n'avoir pu me rendre au
rendez-vous que vous m'avez demandé; vous aviez quelque chose
à me dire?

PERDICAN, *à part.*

Voilà, sur ma vie, un petit mensonge assez gros, pour un agneau
sans tache ; je l'ai vue derrière un arbre écouter la conversation.
(Haut.) Je n'ai rien à vous dire, qu'un adieu, Camille ; je croyais que
vous partiez ; cependant votre cheval est à l'écurie, et vous n'avez
pas l'air d'être en robe de voyage.

CAMILLE

J'aime la discussion ; je ne suis pas bien sûre de ne pas avoir eu
envie de me quereller encore avec vous.

PERDICAN

À quoi sert de se quereller, quand le raccommodement est impossible ? Le plaisir des disputes, c'est de faire la paix.

CAMILLE

Êtes-vous convaincu que je ne veuille pas la faire ?

PERDICAN

Ne raillez pas ; je ne suis pas de force à vous répondre.

CAMILLE

Je voudrais qu'on me fît la cour ; je ne sais si c'est que j'ai une robe
neuve, mais j'ai envie de m'amuser. Vous m'avez proposé d'aller au
village, allons-y, je veux bien ; mettons-nous en bateau[1] ; j'ai envie
d'aller dîner sur l'herbe, ou de faire une promenade dans la forêt.
Fera-t-il clair de lune, ce soir ? Cela est singulier, vous n'avez plus
au doigt la bague que je vous ai donnée.

PERDICAN

Je l'ai perdue.

CAMILLE

C'est donc pour cela que je l'ai trouvée ; tenez, Perdican, la voilà.

PERDICAN

Est-ce possible ? Où l'avez-vous trouvée ?

---

1. *mettons-nous en bateau* : allons nous promener en bateau.

CAMILLE

Vous regardez si mes mains sont mouillées, n'est-ce pas? En vérité,
1145   j'ai gâté ma robe de couvent pour retirer ce petit hochet d'enfant
de la fontaine. Voilà pourquoi j'en ai mis une autre, et, je vous dis,
cela m'a changée; mettez donc cela à votre doigt.

PERDICAN

Tu as retiré cette bague de l'eau, Camille, au risque de te précipiter[1]? Est-ce un songe? La voilà; c'est toi qui me la mets au doigt!
1150   Ah! Camille, pourquoi me le rends-tu, ce triste gage d'un bonheur qui n'est plus? Parle, coquette et imprudente fille, pourquoi
pars-tu? Pourquoi restes-tu? Pourquoi d'une heure à l'autre,
changes-tu d'apparence et de couleur, comme la pierre de cette
bague à chaque rayon de soleil?

CAMILLE

1155   Connaissez-vous le cœur des femmes, Perdican? Êtes-vous sûr
de leur inconstance, et savez-vous si elles changent réellement de
pensée en changeant quelquefois de langage? Il y en a qui disent
que non. Sans doute, il nous faut souvent jouer un rôle, souvent
mentir; vous voyez que je suis franche; mais êtes-vous sûr que
1160   tout mente dans une femme, lorsque sa langue ment? Avez-vous
bien réfléchi à la nature de cet être faible et violent, à la rigueur
avec laquelle on le juge, aux principes qu'on lui impose? Et qui
sait si, forcée à tromper par le monde, la tête de ce petit être sans
cervelle ne peut pas y prendre plaisir, et mentir quelquefois par
1165   passe-temps, par folie, comme elle ment par nécessité?

PERDICAN

Je n'entends[2] rien à tout cela, et je ne mens jamais. Je t'aime
Camille, voilà tout ce que je sais.

CAMILLE

Vous dites que vous m'aimez, et vous ne mentez jamais?

---

1. *te précipiter*: tomber tête première.

2. *entends*: comprends.

PERDICAN

Jamais.

CAMILLE

1170 En voilà une qui dit pourtant que cela vous arrive quelquefois. *(Elle lève la tapisserie, Rosette paraît dans le fond, évanouie sur une chaise.)* Que répondrez-vous à cette enfant, Perdican, lorsqu'elle vous demandera compte de vos paroles? Si vous ne mentez jamais, d'où vient donc qu'elle s'est évanouie en vous entendant me dire
1175 que vous m'aimez? Je vous laisse avec elle; tâchez de la faire revenir[1].

Elle veut sortir.

PERDICAN

Un instant, Camille, écoute-moi.

CAMILLE

Que voulez-vous me dire? C'est à Rosette qu'il faut parler. Je ne vous aime pas, moi; je n'ai pas été chercher par dépit cette mal-
1180 heureuse enfant au fond de sa chaumière, pour en faire un appât, un jouet; je n'ai pas répété imprudemment devant elle des paroles brûlantes adressées à une autre; je n'ai pas feint de jeter au vent pour elle le souvenir d'une amitié chérie; je ne lui ai pas mis ma chaîne au cou; je ne lui ai pas dit que je l'épouserais.

PERDICAN

1185 Écoute-moi, écoute-moi!

CAMILLE

N'as-tu pas souri tout à l'heure quand je t'ai dit que je n'avais pu aller à la fontaine? Eh bien! oui, j'y étais, et j'ai tout entendu; mais, Dieu m'en est témoin, je ne voudrais pas y avoir parlé comme toi. Que feras-tu de cette fille-là, maintenant, quand elle viendra, avec
1190 tes baisers ardents sur les lèvres, te montrer en pleurant la blessure

---

1. *la faire revenir*: la faire revenir à elle, lui faire reprendre ses esprits.

que tu lui as faite? Tu as voulu te venger de moi, n'est-ce pas, et me
punir d'une lettre écrite à mon couvent? Tu as voulu me lancer à
tout prix quelque trait[1] qui pût m'atteindre, et tu comptais pour
rien que ta flèche empoisonnée traversât cette enfant, pourvu
1195   qu'elle me frappât derrière elle. Je m'étais vantée de t'avoir inspiré
quelque amour, de te laisser quelque regret. Cela t'a blessé dans
ton noble orgueil? Eh bien! apprends-le de moi, tu m'aimes,
entends-tu; mais tu épouseras cette fille, ou tu n'es qu'un lâche!

PERDICAN

Oui, je l'épouserai.

CAMILLE

1200   Et tu feras bien.

PERDICAN

Très bien, et beaucoup mieux qu'en t'épousant toi-même. Qu'y
a-t-il, Camille, qui t'échauffe[2] si fort? Cette enfant s'est évanouie;
nous la ferons bien revenir il ne faut pour cela qu'un flacon de
vinaigre[3]; tu as voulu me prouver que j'avais menti une fois dans
1205   ma vie; cela est possible, mais je te trouve hardie de décider à quel
instant. Viens, aide-moi à secourir Rosette.

Ils sortent.

~~~~~~~~~

SCÈNE 7.
Entrent LE BARON *et* CAMILLE.

</div>

<div align="center">LE BARON</div>

Si cela se fait, je deviendrai fou.

<div align="center">CAMILLE</div>

Employez votre autorité.

---

1. *trait*: au sens figuré, une action, un terme propre à blesser l'autre (un mot blessant).

2. *t'échauffe*: t'irrite.

3. *vinaigre*: «ANCIENNT *Vinaigre de toilette. Vinaigre pharmaceutique, aromatique,* utilisé
pour ranimer, stimuler.» (*Le Petit Robert 1*)

LE BARON

Je deviendrai fou, et je refuserai mon consentement, voilà qui est
certain.

CAMILLE

Vous devriez lui parler et lui faire entendre raison.

LE BARON

Cela me jettera dans le désespoir pour tout le carnaval, et je ne
paraîtrai pas une fois à la Cour. C'est un mariage disproportionné.
Jamais on n'a entendu parler d'épouser la sœur de lait de sa cousine ; cela passe toute espèce de bornes.

CAMILLE

Faites-le appeler, et dites-lui nettement que ce mariage vous
déplaît. Croyez-moi, c'est une folie, et il ne résistera pas.

LE BARON

Je serai vêtu de noir[1] cet hiver ; tenez-le pour assuré.

CAMILLE

Mais parlez-lui, au nom du ciel ! C'est un coup de tête qu'il a fait ;
peut-être n'est-il déjà plus temps ; s'il en a parlé, il le fera.

LE BARON

Je vais m'enfermer pour m'abandonner à ma douleur. Dites-lui,
s'il me demande, que je suis enfermé, et que je m'abandonne à ma
douleur de le voir épouser une fille sans nom[2].

Il sort.

CAMILLE

Ne trouverai-je pas ici un homme de cœur[3] ? En vérité, quand on
en cherche, on est effrayé de sa solitude. *(Entre Perdican.)* Eh bien,
cousin, à quand le mariage ?

---

1. *Je serai vêtu de noir* : si Perdican épouse Rosette, je serai vêtu de noir, la couleur du
deuil, comme si mon fils était mort.

2. *une fille sans nom* : une fille qui ne possède pas de titre de noblesse.

3. *homme de cœur* : homme courageux.

PERDICAN

Le plus tôt possible; j'ai déjà parlé au notaire, au curé, et à tous les paysans.

CAMILLE

Vous comptez donc réellement que vous épouserez Rosette?

PERDICAN

1230 Assurément.

CAMILLE

Qu'en dira votre père?

PERDICAN

Tout ce qu'il voudra; il me plaît d'épouser cette fille; c'est une idée que je vous dois, et je m'y tiens. Faut-il vous répéter les lieux communs[1] les plus rebattus sur sa naissance et sur la mienne? Elle est
1235 jeune et jolie, et elle m'aime; c'est plus qu'il n'en faut pour être trois fois heureux. Qu'elle ait de l'esprit ou qu'elle n'en ait pas, j'aurais pu trouver pire. On criera et on raillera; je m'en lave les mains.

CAMILLE

Il n'y a rien là de risible; vous faites très bien de l'épouser. Mais je suis fâchée pour vous d'une chose: c'est qu'on dira que vous l'avez
1240 fait par dépit.

PERDICAN

Vous êtes fâchée de cela? Oh! que non.

CAMILLE

Si, j'en suis vraiment fâchée pour vous. Cela fait du tort à un jeune homme, de ne pouvoir résister à un moment de dépit.

PERDICAN

Soyez-en donc fâchée; quant à moi, cela m'est bien égal.

CAMILLE

1245 Mais vous n'y pensez pas; c'est une fille de rien[2].

---

1. *lieux communs*: « Idée, sujet de conversation que tout le monde utilise. » (*Le Petit Robert 1*)

2. *une fille de rien*: une fille de basse condition, de peu d'importance.

PERDICAN

Elle sera donc de[1] quelque chose, lorsqu'elle sera ma femme.

CAMILLE

Elle vous ennuiera avant que le notaire ait mis son habit neuf et ses souliers pour venir ici; le cœur vous lèvera au repas de noces, et le soir de la fête, vous lui ferez couper les mains et les pieds, comme
1250 dans les contes arabes[2], parce qu'elle sentira le ragoût[3].

PERDICAN

Vous verrez que non. Vous ne me connaissez pas; quand une femme est douce et sensible, franche, bonne et belle, je suis capable de me contenter de cela, oui, en vérité, jusqu'à ne pas me soucier de savoir si elle parle latin.

CAMILLE

1255 Il est à regretter qu'on ait dépensé tant d'argent pour vous l'apprendre; c'est trois mille écus de perdus.

PERDICAN

Oui, on aurait mieux fait de les donner aux pauvres.

CAMILLE

Ce sera vous qui vous en chargerez, du moins pour les pauvres d'esprit.

PERDICAN

1260 Et ils me donneront en échange le royaume des cieux, car il est à eux[4].

---

1. *de*: ce «de» est une allusion au titre de noblesse que son mariage avec Perdican lui vaudra.

2. *contes arabes*: allusion à un conte des *Mille et une nuits*, dans lequel une jeune épouse coupe au rasoir, le soir de leurs noces, les «quatre pouces» de son mari, c'est-à-dire les deux pouces de ses mains et les deux gros orteils de ses pieds, à cause d'une déplaisante odeur qu'ils dégageaient parce qu'il ne s'était pas lavé les mains après avoir mangé du ragoût à l'ail.

3. *parce qu'elle sentira le ragoût*: parce qu'elle aura les odeurs d'une femme du peuple qui prépare elle-même les repas.

4. *pauvres d'esprit [...] le royaume des cieux [...] est à eux*: ces deux dernières répliques s'inspirent de l'évangile selon Matthieu: «Bienheureux les pauvres en esprit, le royaume du ciel est à eux!» (Mt 5, 3) Il y a ici un détournement de sens: *pauvres en esprit* signifie «qui agissent comme s'ils étaient pauvres» et *pauvres d'esprit* renvoie aux «faibles d'esprit»!

CAMILLE

Combien de temps durera cette plaisanterie ?

PERDICAN

Quelle plaisanterie ?

CAMILLE

Votre mariage avec Rosette.

PERDICAN

1265 Bien peu de temps ; Dieu n'a pas fait de l'homme une œuvre de durée : trente ou quarante ans, tout au plus.

CAMILLE

Je suis curieuse de danser à vos noces !

PERDICAN

Écoutez-moi, Camille, voilà un ton de persiflage qui est hors de propos.

CAMILLE

Il me plaît trop pour que je le quitte.

PERDICAN

1270 Je vous quitte donc vous-même ; car j'en ai tout à l'heure¹ assez.

CAMILLE

Allez-vous chez votre épousée ?

PERDICAN

Oui, j'y vais de ce pas.

CAMILLE

Donnez-moi donc le bras, j'y vais aussi.

Entre Rosette.

PERDICAN

Te voilà mon enfant ! Viens, je veux te présenter à mon père.

_____

1. *tout à l'heure* : emploi vieilli qui veut dire « présentement, à cet instant même ».

ROSETTE, *se mettant à genoux.*

1275 Monseigneur, je viens vous demander une grâce. Tous les gens du village à qui j'ai parlé ce matin m'ont dit que vous aimiez votre cousine, et que vous ne m'avez fait la cour que pour vous divertir tous deux ; on se moque de moi quand je passe, et je ne pourrai plus trouver de mari dans le pays, après
1280 avoir servi de risée à tout le monde. Permettez-moi de vous rendre le collier que vous m'avez donné, et de vivre en paix chez ma mère.

CAMILLE

Tu es une bonne fille, Rosette ; garde ce collier, c'est moi qui te le donne, et mon cousin prendra le mien à la place. Quant à un mari,
1285 n'en sois pas embarrassée, je me charge de t'en trouver un.

PERDICAN

Cela n'est pas difficile, en effet. Allons, Rosette, viens, que je te mène à mon père.

CAMILLE

Pourquoi ? Cela est inutile.

PERDICAN

Oui, vous avez raison, mon père nous recevrait mal ; il faut laisser
1290 passer le premier moment de surprise qu'il a éprouvée. Viens avec moi, nous retournerons sur la place. Je trouve plaisant qu'on dise que je ne t'aime pas quand je t'épouse. Pardieu ! Nous les ferons bien taire.

Il sort avec Rosette.

CAMILLE

Que se passe-t-il donc en moi ? Il l'emmène d'un air bien
1295 tranquille. Cela est singulier ; il me semble que la tête me tourne. Est-ce qu'il l'épouserait tout de bon ? Holà ! dame Pluche, dame Pluche ! N'y a-t-il donc personne ici ? *(Entre un valet.)* Courez après le seigneur Perdican ; dites-lui vite qu'il remonte ici, j'ai à lui parler. *(Le valet sort.)* Mais qu'est-ce

1300 donc que tout cela ? Je n'en puis plus, mes pieds refusent de me
soutenir.

Rentre Perdican.

PERDICAN
Vous m'avez demandé, Camille ?

CAMILLE
Non, — non.

PERDICAN
En vérité, vous voilà pâle ; qu'avez-vous à me dire ? Vous m'avez fait
1305 rappeler pour me parler ?

CAMILLE
Non, non. — Ô Seigneur Dieu !

Elle sort.

SCÈNE 8.
Un oratoire[1].
Entre CAMILLE ; *elle se jette au pied de l'autel.*

M'avez-vous abandonnée, ô mon Dieu ? Vous le savez, lorsque
je suis venue, j'avais juré de vous être fidèle, quand j'ai refusé de
devenir l'épouse d'un autre que vous, j'ai cru parler sincèrement
1310 devant vous et ma conscience ; vous le savez, mon père, ne voulez-
vous donc plus de moi ? Oh ! pourquoi faites-vous mentir la vérité
elle-même ? Pourquoi suis-je si faible ? Ah ! malheureuse, je ne
puis plus prier !

Entre Perdican.

---

1. oratoire : petite chapelle. Ici, probablement celle du château.

PERDICAN

Orgueil, le plus fatal des conseillers humains, qu'es-tu venu
1315 faire entre cette fille et moi? La voilà pâle et effrayée, qui
presse sur les dalles insensibles son cœur et son visage. Elle
aurait pu m'aimer, et nous étions nés l'un pour l'autre;
qu'es-tu venu faire sur nos lèvres, orgueil, lorsque nos mains
allaient se joindre?

CAMILLE

1320 Qui m'a suivie? Qui parle sous cette voûte? Est-ce toi, Perdican?

PERDICAN

Insensés que nous sommes! Nous nous aimons. Quel songe
avons-nous fait, Camille? Quelles vaines paroles, quelles
misérables folies ont passé comme un vent funeste entre
nous deux? Lequel de nous a voulu tromper l'autre? Hélas!
1325 cette vie est elle-même un si pénible rêve: pourquoi encore
y mêler les nôtres? Ô mon Dieu! Le bonheur est une perle si
rare dans cet océan d'ici-bas! Tu nous l'avais donné, pêcheur
céleste, tu l'avais tiré pour nous des profondeurs de l'abîme,
cet inestimable joyau; et nous, comme des enfants gâtés que
1330 nous sommes, nous en avons fait un jouet. Le vert sentier qui
nous amenait l'un vers l'autre avait une pente si douce, il était
entouré de buissons si fleuris, il se perdait dans un si tranquille horizon! Il a bien fallu que la vanité, le bavardage et
la colère vinssent jeter leurs rochers informes sur cette route
1335 céleste, qui nous aurait conduits à toi dans un baiser! Il a bien
fallu que nous nous fissions du mal, car nous sommes des
hommes. Ô insensés! Nous nous aimons.

Il la prend dans ses bras.

CAMILLE

Oui, nous nous aimons, Perdican; laisse-moi le sentir sur ton
cœur. Ce Dieu qui nous regarde ne s'en offensera pas; il veut bien
1340 que je t'aime; il y a quinze ans qu'il le sait.

PERDICAN

Chère créature, tu es à moi !

Il l'embrasse ; on entend un grand cri derrière l'autel.

CAMILLE

C'est la voix de ma sœur de lait.

PERDICAN

Comment est-elle ici ? Je l'avais laissée dans l'escalier, lorsque tu m'as fait rappeler. Il faut donc qu'elle m'ait suivi sans que je m'en
1345 sois aperçu.

CAMILLE

Entrons dans cette galerie ; c'est là qu'on a crié.

PERDICAN

Je ne sais ce que j'éprouve ; il me semble que mes mains sont couvertes de sang.

CAMILLE

La pauvre enfant nous a sans doute épiés ; elle s'est encore éva-
1350 nouie ; viens, portons-lui secours ; hélas ! tout cela est cruel.

PERDICAN

Non, en vérité, je n'entrerai pas ; je sens un froid mortel qui me paralyse. Vas-y, Camille, et tâche de la ramener. (*Camille sort.*) Je vous en supplie, mon Dieu ! ne faites pas de moi un meurtrier ! Vous voyez ce qui se passe ; nous sommes deux enfants insensés, et
1355 nous avons joué avec la vie et la mort ; mais notre cœur est pur ; ne tuez pas Rosette, Dieu juste ! Je lui trouverai un mari, je réparerai ma faute ; elle est jeune, elle sera riche, elle sera heureuse ; ne faites pas cela, ô Dieu ! Vous pouvez bénir encore quatre de vos enfants. Eh bien ! Camille, qu'y a-t-il ?

Camille rentre.

CAMILLE

1360 Elle est morte. Adieu, Perdican !

*Étude de
deux extraits*

Deuxième partie

Deux messagers
(Acte I, scène 1,
lignes 1 à 62)

L'amour humain,
l'amour divin
(Acte II, scène 5,
lignes 576 à 855)

Deux messagers

(Acte I, scène 1, lignes 1 à 62)

PETIT LEXIQUE PRÉPARATOIRE À LA COMPRÉHENSION DU TEXTE

Nous vous suggérons de chercher dans *Le Petit Robert 1* les mots en caractères gras, dont vous auriez intérêt à vous méfier. Cette recherche vous amènera à mieux comprendre le texte, en vous aidant notamment à saisir certaines nuances de la langue française du XIXe siècle, en apparence proche de la nôtre, mais qui nous réserve parfois des surprises. Ce faisant, remarquez bien l'étymologie des mots et notez le moment de leur apparition dans la langue. Voici ce que votre recherche pourrait révéler.

FRINGANT (ligne 1) adj. — 1493 ; de *fringuer* « gambader » 1 ♦ Très vif, toujours en mouvement (animal de selle). *Chevaux fringants.*

FLEURI (lignes 2 et 14) adj. —*flori* XIIe ; de fleurir 1 ♦ En fleurs. *Arbre fleuri.* — Couvert de fleurs. [...] 5 ♦ (1680) Très orné. [...] FIG. *Style fleuri.* ⇒ **précieux.**

MAÎTRE, MAÎTRESSE (lignes 5, 9, 28 et 46) n. — fin XIe, comme adjectif (IV, 1°) ; du latin *magister* (→magistral et mistral), famille de *magis* « plus » (→mais), qui a servi à former *minister* « serviteur », famille de *minus* « moins » →ministre I [...] 1 ♦ (milieu XIIe) n. m. Personne qui a pouvoir et autorité sur qqn pour se faire servir, obéir. [...] ⇒ **seigneur.** II [...] 2 ♦ (milieu XIIe) Personne qui enseigne. *Maître, maîtresse*: personne qui enseigne aux enfants dans une école, ou à domicile. ⇒ **éducateur, enseignant, instituteur, pédagogue, précepteur, professeur, régent ; répétiteur.** III [...] 1 ♦ VX (suivi du nom ou du prénom) Titre donné autrefois familièrement aux hommes qu'on ne pouvait appeler « Monsieur », et encore au XIXe s. aux paysans, aux artisans.

SEIGNEUR (lignes 11-12) n. m. — 1080 *seignur*; fin XIe *seinur, seignor*; v. 1000 *senior*; 842 *sendra*; latin *senior* «ancien», terme de respect
1 ♦ ANCIENNT et HIST. Celui de qui dépendent des terres, des personnes; le maître, dans le système des relations féodales. [...]
2 ♦ (1225; *senior* X[e]) Titre honorifique donné jusqu'à la fin de l'Ancien Régime [en 1789] (et parfois après) aux personnages de haut rang. ⇒ **gentilhomme, grand, noble.**

GRACIEUX (ligne 15) adj. — *gracios* XIIe; latin *gratiosus* «obligeant» **1 ♦** vx Bienveillant, bon. [...] **2 ♦** MOD. Qui est aimable et souriant. [...] **4 ♦** Qui a de la grâce. ⇒ **attrayant, charmant, élégant** [...].

BARON, ONNE (ligne 23) n. — X[e]; francique °*baro* «homme libre» **1 ♦** FÉOD. Grand seigneur du royaume. **2 ♦** Possesseur du titre de noblesse entre celui de chevalier et celui de vicomte.

MONSEIGNEUR (ligne 34) n. m. — v. 1155; de *mon* et *seigneur* → messire, monsignor **1 ♦** Titre honorifique donné à certains personnages éminents (MOD. aux archevêques, évêques, prélats et aux princes des familles souveraines).

DAME (ligne 35) n. f. — fin XIe; du latin *domna*, de *domina* → demoiselle. La forme masculine *dominus* «maître» a été délaissée par le français au profit de *senior* (→ seigneur, sieur, sire), au contraire des autres langues romanes (→ dom, don) **I** [...] **2 ♦** (DÉBUT XIIIe) VX ou HIST. Femme de haute naissance.

ÉCUYER, ÈRE (ligne 36) n. — *escuier* 1080; bas latin *scutarius*, de *scutum* → 1 écu **1 ♦** n. m. ANCIENNT Gentilhomme au service d'un chevalier. [...] **2 ♦** n. m. HIST. Titre porté par les jeunes nobles jusqu'à l'adoubement. [...] **3 ♦** n. m. (1265) ANCIENNT Intendant des écuries d'un prince; membre du personnel de ces écuries. **4 ♦** (1636) MOD. Personne sachant bien monter à cheval.

COLÈRE (**Trépigner de…**) (ligne 38) n. f.— xvᵉ; latin *cholera*, grec *khôlê* « bile », et fig. « colère » **I** n. f. **1 ♦** Violent mécontentement accompagné d'agressivité. ⇒ **courroux, emportement, exaspération, fureur, furie,** vx **ire, irritation, rage** […]. Être rouge, blême de colère; bégayer, suffoquer, trembler, trépigner de colère.

ÉGRATIGNER (ligne 39) v. tr.— xiiiᵉ; *égratiner* xiiᵉ; ancien français *gratiner*, de *gratter* **1 ♦** Écorcher, en déchirant superficiellement la peau. […] PAR ANAL. Dégrader, endommager légèrement.

ÉDUCATION (ligne 49) n. f.— 1527; latin *educatio* **1 ♦** Mise en œuvre des moyens propres à assurer la formation et le développement d'un être humain; ces moyens eux-mêmes. […] ⇒ **éduquer, élever, former** […] **3 ♦** Connaissance et pratique des usages de la société. ⇒ **politesse, savoir-vivre.**

ANALYSE DU TEXTE

Puisque vous en êtes à votre première analyse, vous trouverez ici soit des pistes ou des conseils, soit des éléments de réponses, qui peuvent prendre la forme de résumés ou d'amorces. Il vous appartient de développer vos réponses dans des phrases complètes. Afin de vous guider dans cette tâche, la réponse à la première question de chacune des trois approches vous est donnée dans une forme plus achevée.

PREMIÈRE APPROCHE : COMPRENDRE LE TEXTE

Les questions qui suivent visent à bien vous faire saisir le sens général du texte et plus particulièrement la portée de certains mots, tournures, courts passages ou constructions syntaxiques. Certaines de ces questions pourraient être reprises plus loin, de manière à vous permettre d'atteindre une compréhension plus fine, plus nuancée, plus intégrée du texte.

1. Où cette scène* se déroule-t-elle?

La première didascalie*, « *Une place devant le château* », précédant la ligne 1, indique où se déroule la scène. Maître Blazius, qui arrive probablement de Paris (ligne 13), fait également allusion à une porte (ligne 19 ; celle du château ? du domaine ?) dont il « tir[e] la cloche » (ligne 34).

Nous sommes sans doute à la campagne, des mots tels que « bluets fleuris » (ligne 2), « vendange » (ligne 6) et « blés » (ligne 56) le laissant supposer. Cette campagne se trouve-t-elle non loin de Paris, là où Perdican a étudié (ligne 13) ? Rien ne permet de l'affirmer avec certitude. En somme, l'action se passe devant un château situé dans la France rurale.

2. *En quelle saison cette scène* se passe-t-elle ? Faites le relevé des indices qui vous permettent de répondre à la question et expliquez-les à l'aide des définitions trouvées dans* Le Petit Robert 1.

La scène se passe en automne :
- « les bluets fleuris » (ligne 2) : petite fleur bleue d'été, qui refleurit en automne, « commune dans les blés » (*Le Petit Robert 1*) ;
- « au temps de la vendange » (ligne 6) : « l'époque des vendanges, en automne » (*Le Petit Robert 1*) ;
- …
- …
- …

3. *Par quels titres maître Blazius, puis dame Pluche appellent-ils le baron ? Ces désignations permettent de situer la scène* et même la pièce dans un temps historique : quel est-il ?*

Pour vous aider à répondre, vous pouvez consulter le Petit lexique préparatoire.
- Maître Blazius parle du père de Perdican en ces termes : « notre seigneur » (lignes 11-12) … Quant à dame Pluche, elle utilise les noms …

• Tous ces termes évoquent une même période historique : …

4. **Les différentes parties qui composent la scène* à l'étude sont liées à l'entrée des personnages. En combien de parties la scène se divise-t-elle ? Indiquez pour chacune les lignes et expliquez-en le contenu.**

   • Il y a deux parties dans cette scène. …
   • …

5. **Comment maître Blazius et dame Pluche décrivent-ils leur protégé respectif ?**

   Ces présentations se placent sous le signe du contraste : outre leurs grandes qualités personnelles, Perdican et Camille ont visiblement un passé bien différent. …

6. **Qui décrit maître Blazius et dame Pluche ? Quelles informations obtenons-nous sur ces deux personnages ? Ces derniers se ressemblent-ils ?**

   Cette fonction est assumée par un troisième personnage.

DEUXIÈME APPROCHE : ANALYSER LE TEXTE

Ici, les questions approfondissent celles de l'étape précédente et, surtout, abordent les aspects formels du texte. Elles vous permettent d'en évaluer les sous-entendus, en montrant, par exemple, le rôle de la ponctuation ou du temps des verbes, en faisant voir la portée d'une figure de style, la force d'une argumentation, l'effet de la tonalité dominante du texte, etc. C'est aussi l'occasion de vous amener à faire des liens entre fond et forme, à saisir en somme ce qui fait le propre du texte littéraire. Ici encore, seule la première question est présentée avec une réponse complète.

7. **Qui composent le chœur* ? Ces gens prennent-ils tous la parole en même temps ou est-ce une seule personne qui le fait ? Justifiez votre réponse à l'aide d'exemples concrets.**

- Le chœur, comme le précise la liste des personnages, est composé de paysans et de valets.
- Le chœur se définit comme un *nous*: «Puissions-nous retrouver l'enfant dans le cœur de l'homme» (lignes 30-31); «Mettons […] et attendons […]» (ligne 60). Toutefois, il utilise le *je* dans sa dernière réplique: «Ou je me trompe fort […]» (ligne 61). Ces exemples suggèrent qu'un seul membre du chœur prend la parole, comme le coryphée dans le théâtre antique. D'ailleurs, on peut noter que, lorsque le chœur s'adresse pour la première fois à maître Blazius, le ton est incantatoire, à la manière du chœur antique.

Si l'on observe maintenant la première réplique de dame Pluche, on voit le mot «canaille» (ligne 41) écrit au singulier. Ce même mot, toujours au singulier, revient dans sa deuxième réplique (ligne 54). On serait tenté de croire qu'elle rétorque ainsi à celui qui s'adresse à elle, de manière plus familière. Et, quand elle ajoute dans sa dernière réplique: «donnez-moi la main pour descendre» (ligne 58), on peut deviner que c'est à un seul des paysans qu'elle s'adresse.

En somme, que ce soit avec maître Blazius ou dame Pluche, le chœur parle vraisemblablement par l'entremise d'un porte-parole, qui s'exprime indifféremment au *je* et au *nous*.

8. *En analysant les propos que maître Blazius et dame Pluche échangent avec le chœur, qualifiez l'attitude de chacun des deux personnages à l'égard du cœur.*

Pour vous aider à étoffer votre explication, vous pouvez utiliser certains éléments donnés en réponse à la question 6 ainsi que le Petit lexique préparatoire.

9. *Pourquoi pouvons-nous affirmer que cette scène est parfaitement équilibrée?*

Pour vous aider à répondre, observez le nombre de répliques, leur contenu et les didascalies*.

10. *Expliquez les propos du chœur lorsqu'il parle de Perdican:
« Puissions-nous retrouver l'enfant dans le cœur de l'homme. »
(lignes 30-31)*

Pour le chœur, Perdican est un enfant du pays. …

11. *Selon vous, pourquoi le baron a-t-il donné à Camille « l'ordre
exprès » (ligne 47) de quitter son couvent et de revenir au
château?*

On peut se demander si, comme le prétend dame Pluche, ce
n'est que pour « recueillir […] le bon bien qu'elle a de sa mère »
(lignes 48-49). …

12. *Dans le tableau suivant, donnez et expliquez la ou les figures de
style* présentes dans chacun des extraits cités.*

Extrait	Figures de style	Explication
« Comme un poupon sur l'oreiller […] » (lignes 2-3)	Comparaison*	Le chœur compare maître Blazius à un nourrisson, à la fois en raison de ses rondeurs et du fait qu'il semble sommeiller.
« […] vous arrivez au temps de la vendange, pareil à une amphore antique » (lignes 5-6)		
« Toute sa gracieuse personne est un livre d'or […] » (lignes 15-16)		

Extrait	Figures de style	Explication
«Vous ouvririez des yeux grands comme la porte que voilà […]» (lignes 18-19)		
«[…] de ses propres mains […]» (lignes 20-21)		
«Enfin c'est un diamant fin des pieds à la tête […]» (lignes 21-22)		
«[…] vous arrivez comme la fièvre […]» (lignes 39-40)		
«[…] ceux qui la verront auront la joie de respirer une glorieuse fleur de sagesse et de dévotion» (lignes 50-51)		
«Jamais il n'y a rien eu de si pur, de si ange, de si agneau et de si colombe que cette chère nonnain […]» (lignes 51 à 53)		
«[…] nos blés sont secs comme vos tibias» (ligne 56)		

TROISIÈME APPROCHE : COMMENTER LE TEXTE

Les questions qui suivent visent à vous amener à établir des relations entre divers éléments du texte et, par déduction, à proposer des interprétations. Dans un premier temps, elles présentent des réflexions sur l'ensemble du texte, autour d'une problématique esquissée aux approches précédentes. Dans un deuxième temps, elles visent à vous faire établir des liens entre le texte analysé et un autre extrait de l'œuvre (Comparaison avec un autre extrait de l'œuvre), puis elles proposent une incursion dans des textes du même auteur ou d'auteurs différents (Comparaison avec une autre œuvre).

Ce type de commentaire suppose une compréhension profonde du texte, servie par une sensibilité aiguë, et développe une quête permanente de cohérence de même qu'une recherche d'intégration culturelle, elle-même en constante évolution. Ici encore, seule la première question est présentée avec une réponse complète.

13. *Prouvez que cette scène est une scène d'exposition* ? L'exposition est-elle terminée ? Justifiez votre réponse.*

Cette scène est bel et bien une scène d'exposition. Il y a l'arrivée et la présentation par le chœur de deux personnages qui sont, en quelque sorte, les messagers des deux protagonistes, Perdican et Camille. Même si le lieu et le temps sont indéterminés, il est clair que cela se passe à l'automne, dans un château situé à la campagne, en France, durant l'Ancien Régime (voir les questions 1 et 2).

Cependant, cette scène semble incomplète puisqu'il nous manque les présentations du baron, de Perdican, de Camille et du sujet de la pièce. Il faut lire la scène 2 pour découvrir ces éléments.

14. *Quelle est la tonalité* donnée à cette scène* ? Qui introduit cette tonalité ?*

Pour vous aider à répondre, vous pouvez consulter vos réponses données aux questions 6, 8 et 12.

15. *Assurément, il s'agit ici d'une scène comique*. Montrez qu'on y trouve à la fois les comiques de gestes, de caractère et de mots.*

Pour vous aider à répondre, vous pouvez consulter le Glossaire des notions littéraires à la fin de votre manuel et vos réponses données aux questions 6, 8 et 12.

Comparaison avec un autre extrait de l'œuvre

16. *La scène 2 de l'acte I comporte trois parties: déterminez-les en précisant les lignes (voir la question 4). Résumez le contenu de chacune, puis donnez les raisons pour lesquelles on peut affirmer que c'est à la fin de la scène 2 que se termine vraiment l'exposition* de la pièce.*

• Trois parties forment la scène :
  – la première partie (lignes 63 à 90) se termine avec la sortie de dame Pluche (ligne 90): …
  – …
  – …

• Quatre nouveaux personnages apparaissent dans cette scène : le baron, maître Bridaine, Perdican et Camille. Le baron reste présent tout au long de la scène ainsi que maître Bridaine. On peut donc affirmer que c'est à la fin de cette deuxième scène que se termine l'exposition, car…

17. *Dans toute pièce de théâtre, il y a de l'imprévu, de l'inattendu ; autrement, à quoi bon convier les spectateurs ! Dans la scène 2 de l'acte I, à quel imprévu assistent les personnages et les spectateurs ?*

N'oubliez pas que l'imprévu peut se manifester aussi bien dans l'arrivée inopinée d'un personnage que dans une réplique ou l'expression d'un sentiment inattendu.

Comparaison avec une autre œuvre

THÉODORE LECLERCQ (1777-1851) A ÉCRIT DE NOMBREUX PROVERBES DRAMATIQUES. CES PETITES PIÈCES, RECONNUES POUR LEUR FINESSE D'OBSERVATION DE LA SOCIÉTÉ AU TEMPS

DE LA RESTAURATION (1814-1830), SONT PARUES
SOUS LE TITRE *PROVERBES DRAMATIQUES* (DE 1823 À 1826)
ET *NOUVEAUX PROVERBES DRAMATIQUES* (1830).

DANS LE PROVERBE INTITULÉ LA SCÈNE DOUBLE
(1823-1826), MADAME DE BUATRY DOIT RÉPÉTER
AVEC LE CHEVALIER DE SAINVAL QUELQUES SCÈNES
D'UN PROVERBE DONT LE SUJET EST :
« IL NE FAUT PAS BADINER AVEC LE FEU ».
MONSIEUR DE BUATRY ENTEND BIEN ASSISTER
AUX RÉPÉTITIONS. IL TROUVE SA FEMME TALENTUEUSE
ET APPRÉCIE ÉNORMÉMENT LE CHEVALIER.
LA SCÈNE DEVIENDRA « DOUBLE » LORSQUE,
EN PRÉSENCE DU MARI, LEQUEL, SEMBLE-T-IL,
N'Y VOIT QUE DU THÉÂTRE, LE CHEVALIER
COURTISERA MADAME DE BUATRY.

LA SCÈNE DOUBLE

Les personnages

MONSIEUR DE BUATRY
MADAME DE BUATRY
CHEVALIER DE SAINVAL

SCÈNE 1.
La scène se passe à Paris, chez M. DE BUATRY.
Le théâtre représente un salon.
M. DE BUATRY, MME DE BUATRY

M. DE BUATRY

Ma chère femme, regardez-moi donc bien. Est-ce que j'ai l'air d'un imbécile?

MME DE BUATRY

Pourquoi me dites-vous cela?

M. DE BUATRY

C'est qu'il est singulier que, sans que je le demande, on me
donne toujours, dans les proverbes que nous jouons, les rôles de
tuteur, de mari débonnaire ou de père facile, enfin les rôles de
Cassandre[1].

MME DE BUATRY

Personne ne se soucie de ces rôles, et vous voulez bien vous en char-
ger; c'est ce qui fait qu'on vous les donne.

M. DE BUATRY

Vous croyez que c'est tout?

MME DE BUATRY

Il n'y a pas autre chose.

M. DE BUATRY

Vous me rassurez. Je sais bien que je ne suis pas taillé pour jouer les
amoureux; mais il me semblait aussi que je n'avais pas absolument
l'air d'un sot; n'est-il pas vrai?

MME DE BUATRY

Vous me faites rire avec votre bonhomie. Vous n'êtes pas taillé pour
jouer les amoureux! Mais où voyez-vous des hommes qui aient
meilleure mine que vous? Dites que vous n'avez aucune prétention,
que votre caractère, quoique gai, ne manque pas d'une sorte de
gravité qui vous sied[2] fort bien. Je vous assure que beaucoup de nos
jeunes gens, qui se croient charmants, n'ont pas l'air aussi agréable
que vous.

---

1. *Cassandre*: prophétesse de la mythologie grecque dont les prédictions ne sont jamais
prises au sérieux. *Jouer les Cassandre*: faire des prophéties dramatiques au risque de
ne pas être cru.

2. *sied*: (du verbe *seoir*) convient.

M. DE BUATRY

Ma bonne amie, vous me dites ce que vous pensez, et je suis fort
heureux que vous pensiez ainsi. Vous m'avouerez cependant que
j'aurais bien mauvaise grâce à vouloir lutter d'agréments contre
25   Sainval, par exemple, qui n'a pourtant que deux ans moins que moi.
Répondez à cela.

MME DE BUATRY

Le chevalier est très bien. Il a sur vous l'avantage, si c'en est un,
d'aimer les réunions d'éclat, de vouloir plaire généralement ; il n'est
pas surprenant qu'il fasse des frais pour réussir. Si vous aimiez le
30   monde autant qu'il l'aime, vous auriez bien vite ce que vous croyez
qui vous manque.

M. DE BUATRY

Vous êtes ingénieuse à me flatter. Ce n'est vraiment pas ma faute si le
brouhaha m'ennuie. On est si bien chez soi avec sa femme et quelques
amis ! Sans le goût que vous avez pour les proverbes, moi, je vivrais
35   au milieu des champs.

MME DE BUATRY

Eh bien, vous vous y ennuieriez bien vite.

M. DE BUATRY

Je ne crois pas. N'avez-vous pas répétition ce matin ?

MME DE BUATRY

Oui, avec le chevalier.

M. DE BUATRY

Alors, si je ne vous gêne pas, je resterai. Je lui trouve un talent parfait,
40   et rien ne me plaît autant que son jeu.

MME DE BUATRY

En effet il joue très bien.

M. DE BUATRY

Il est vif, animé, sans fadeur ; son expression est toujours heureuse.
Ne trouvez-vous pas qu'il est encore meilleur avec vous qu'avec qui
que ce soit ?

MME DE BUATRY

45   Je ne m'en suis point aperçue.

M. DE BUATRY

Je l'ai fort bien remarqué, moi. Vous jouez si bien aussi, cela électrise.
Quand doit-il venir?

MME DE BUATRY

Je l'attends.

M. DE BUATRY

On parle d'un mariage pour lui.

MME DE BUATRY

50 Pour le chevalier?

M. DE BUATRY

Sans doute.

MME DE BUATRY

Je crois qu'on en parlera longtemps.

M. DE BUATRY

Pourquoi cela?

MME DE BUATRY

Parce qu'il n'est pas fait du tout pour le mariage. C'est un esprit trop
55 léger, trop dissipé; il est incapable d'un attachement sérieux. Il a
une habitude de coquetterie qui est pour lui comme une seconde
existence; et, malgré tout son enjouement, je suis persuadée que ce
serait un mari fort maussade.

M. DE BUATRY

Vous autres femmes à principes, vous avez des idées singulières.
60 Vous voudriez qu'un homme vînt au monde tout raisonnable, et que,
jusqu'au moment où il se marie, il n'eût connu l'amour que dans les
romans. C'est aussi par trop exiger. Sainval a de la grâce, de l'originalité; il dit fort naturellement les plus jolies choses du monde; les
femmes en raffolent parce qu'il les fait rire, je ne vois pas grand mal
65 à cela.

MME DE BUATRY

À la bonne heure[1].

_____

1. *À la bonne heure*: tant mieux.

M. DE BUATRY

Sa gaieté n'est pas méchante.

MME DE BUATRY

J'en conviens.

M. DE BUATRY

Je ne lui ai jamais entendu faire les honneurs de personne[1] : ce n'est
70   pas non plus un fat ; encore moins un pédant ; il chante, il danse à
merveille ; il joue la comédie comme un ange, que voulez-vous donc
de plus ?

MME DE BUATRY

Rien.

M. DE BUATRY.

Vous plaisantez ; mais, si j'avais un fils, je serais très content qu'il lui
75   ressemblât.

MME DE BUATRY

Et, si vous aviez une fille, vous la lui donneriez pour femme ?

M. DE BUATRY

Je n'ai jamais fait cette réflexion-là. Mais le voici.

~~~~~~~~~~

18. *Dans cette scène d'exposition*, il est question d'un personnage
qui arrivera à la scène suivante. Donnez le nom de ce personnage
puis, à partir des lignes 22 à 44, expliquez la perception qu'ont
monsieur et madame de Buatry de ce dernier. Leur perception
est-elle identique ? Justifiez votre réponse.*

Ce personnage se nomme le chevalier de Sainval. ...

19. *De quelle rumeur monsieur de Buatry se fait-il l'écho à propos
du chevalier et quelle est la réaction de madame de Buatry ?
Qu'est-ce que cette réaction laisse entrevoir pour la suite de
l'histoire ?*

---

1. *faire les honneurs de personne* : « En parler, et ironiquement, en mal parler. » (*Le Nouveau Littré*)

Monsieur de Buatry annonce à sa femme que l'«on parle d'un mariage pour lui [le chevalier] » (ligne 49). ...

20. *Perdican et Camille, chez Musset, et le chevalier de Sainval, chez Leclercq, sont-ils présentés de façon identique? Justifiez votre réponse.*

• La technique est la même. Dans les deux cas, ...
• Une petite différence, toutefois, se remarque. ...

L'amour humain, l'amour divin
(Acte II, scène 5, lignes 576 à 855)

MISE EN CONTEXTE

Cette scène est sans aucun doute l'une des plus célèbres de la pièce. À l'importance des révélations qui y sont faites s'ajoute une conception de l'amour et du mariage que la toute dernière tirade résume. Dans cette scène, on apprend, entre autres, les projets de Camille et les raisons de sa froideur envers Perdican.

Elle fait suite à la première scène de l'acte II dans laquelle Camille annonce à Perdican qu'elle est obligée de partir pour une raison qui ne concerne qu'elle. Elle fait ses adieux à son cousin, mais ceux-ci ne semblent pas définitifs puisque, dans la même scène, elle demande à dame Pluche de lui remettre un billet. La scène à l'étude commence par la lecture que fait Perdican de ce mystérieux mot.

PETIT LEXIQUE PRÉPARATOIRE À LA COMPRÉHENSION DU TEXTE

Nous vous suggérons de chercher dans *Le Petit Robert 1* les mots en caractères gras, dont vous auriez intérêt à vous méfier. Cette recherche vous amènera à mieux comprendre le texte, en vous aidant notamment à saisir certaines nuances de la langue française du XIXe siècle, en apparence proche de la nôtre, mais qui nous réserve parfois des surprises. Ce faisant, remarquez bien l'étymologie des mots et notez le moment de leur apparition dans la langue.

ANALYSE DU TEXTE

Puisque vous en êtes à votre deuxième analyse, vous ne trouverez ici ni pistes ni réponses. Vous devrez développer, nuancer et justifier vos réponses en vous appuyant systématiquement sur le texte.

Les questions qui suivent visent à bien vous faire saisir le sens général du texte et plus particulièrement la portée de certains mots, tournures, courts passages ou constructions syntaxiques. Certaines de ces questions pourraient être reprises plus loin, de manière à vous permettre d'atteindre une compréhension plus fine, plus nuancée, plus intégrée du texte.

1. *Qui, entre Camille et Perdican, prend l'initiative dans cette scène* ? Expliquez comment elle ou il fait.*

2. *Camille annonce à Perdican qu'elle va quitter le château. Quelle raison lui donne-t-elle ? Et pourquoi, selon vous, a-t-elle choisi de lui donner rendez-vous « à la petite fontaine » (ligne 576) pour la lui révéler ?*

3. *Selon Camille, quel avantage Perdican a-t-il sur elle ?*

4. *Deux choix de vie sont offerts à Camille à l'aube de ses dix-huit ans : le premier par ses consœurs du couvent, le deuxième par Perdican. Relevez-les.*

5. *Aux lignes 722-723, que veut dire Perdican lorsqu'il dit à Camille : « [...] je ne crois pas que ce soit toi qui parles » ?*

6. *En observant l'utilisation du tutoiement et du vouvoiement à l'intérieur de la scène, indiquez quelle courte réplique illustre le mieux l'exaspération de Camille devant les réponses laconiques de Perdican ? Justifiez votre réponse.*

7. *À quoi Perdican ne croit-il pas ? Et en quoi croit-il ? Pourquoi ?*

8. *Pourquoi Camille se tourne-t-elle vers l'amour divin ? Quelle réplique illustre de la façon la plus pertinente, selon vous, les raisons de ce choix ?*

DEUXIÈME APPROCHE : ANALYSER LE TEXTE

Ici, les questions approfondissent celles de l'étape précédente et, surtout, abordent les aspects formels du texte. Elles vous permettent d'en évaluer les sous-entendus, en montrant, par exemple, le rôle de la ponctuation ou du temps des verbes, en faisant voir la portée d'une figure de style, la force d'une argumentation, l'effet de la tonalité dominante du texte, etc. C'est aussi l'occasion de vous amener à faire des liens entre fond et forme, à saisir en somme ce qui fait le propre du texte littéraire.

9. *Camille explique à Perdican que, dans une galerie, on voit un « tableau qui représente un moine courbé sur un missel ; [...] et on aperçoit une locanda italienne, devant laquelle danse un chevrier » (lignes 727 à 729). Camille demande à Perdican lequel de ces deux hommes il préfère et il lui répond : « Ce sont deux hommes de chair et d'os ; il y en a un qui lit et un autre qui danse ; je n'y vois pas autre chose. » (lignes 731 à 733) Expliquez le sens de cette réponse.*

10. *En vous concentrant sur le passage des lignes 600 à 792, dégagez les sept parties de l'argumentation* de Camille, en donnant les lignes de début et de fin de chacune.*

11. *À quel moment dans la scène Camille perd-elle le contrôle du dialogue ? Expliquez pourquoi.*

12. *Il existe dans la première tirade* de Perdican (lignes 803 à 823) un important champ* lexical de la douleur. Dressez la liste des mots et expressions qui composent ce champ et expliquez à quel sentiment il est associé.*

13. *L'argumentation* de Perdican, qui s'est contenu depuis le début de la scène, se développe en trois tirades*.*

a) *Dans la première tirade* (lignes 803 à 823), qui porte sur l'imposture des femmes du couvent, expliquez le sens des quatre métaphores* suivantes:*
   – « *[...] elles ont coloré ta pensée virginale des gouttes de leur sang* » *(ligne 805)*;
   – « *[...] elles ne briseraient pas leurs chaînes [...]* » *(lignes 813-814)*;
   – « *[...] les ruines de ta jeunesse* » *(ligne 821)*;
   – « *le tocsin de leur désespoir [...]* » *(ligne 821).*

b) *Dans la deuxième tirade* (lignes 825 à 840), Perdican reproche aux nonnes le « crime » d'avoir « chuchot[é] à une vierge des paroles de femme ». Expliquez.*

c) *La dernière tirade* de Perdican (lignes 842 à 855) se divise en trois parties. Déterminez-les et expliquez la division en donnant les pronoms utilisés. Quelles oppositions y retrouve-t-on? Sur quel procédé stylistique reposent les deux premières parties? Qu'observez-vous dans la première et la troisième partie sur le plan des sonorités*?*

14. *Deux verbes reviennent fréquemment dans l'extrait et opposent l'ignorance à la connaissance. Quels sont ces verbes? Expliquez la raison de leur emploi dans cet extrait. Pour répondre, consultez le Petit lexique préparatoire.*

TROISIÈME APPROCHE : COMMENTER LE TEXTE

Les questions qui suivent visent à vous amener à établir des relations entre divers éléments du texte et, par déduction, à proposer des interprétations. Dans un premier temps, elles présentent des réflexions sur l'ensemble du texte, autour d'une problématique esquissée aux approches précédentes. Dans un deuxième temps, elles visent à vous faire établir des liens entre le texte analysé et un autre extrait de l'œuvre (Comparaison avec un autre extrait de l'œuvre), puis elles proposent une incursion dans des textes du même auteur ou d'auteurs différents (Comparaison avec une autre œuvre).

Ce type de commentaire suppose une compréhension profonde du texte, servie par une sensibilité aiguë, et développe une quête permanente de cohérence de même qu'une recherche d'intégration culturelle, elle-même en constante évolution.

15. *Quel est le thème* de cette scène ? Nuancez votre réponse.*

16. *Quelles sont les caractéristiques propres au romantisme* dans cet extrait ? Pour chacune, donnez un exemple précis tiré de la scène. Pour répondre, référez-vous au Petit lexique préparatoire et à l'Introduction, p. 9.*

17. *Il y a dans cet extrait des revendications que l'on pourrait qualifier de féministes. Lesquelles et quel personnage en est le messager ? Expliquez.*

Comparaison avec un autre extrait de l'œuvre

18. *Dans la scène 3 de l'acte II, aux lignes 474 à 500, comparez l'attitude que Perdican adopte avec Rosette à celle qu'il prend avec Camille dans la scène à l'étude. Qu'en concluez-vous ?*

Comparaison avec une autre œuvre

PIERRE CARLET DE CHAMBLAIN DE MARIVAUX (1688-1763) EST UN DRAMATURGE FRANÇAIS. IL A ÉCRIT *LE JEU DE L'AMOUR ET DU HASARD* EN 1730. ESPRIT SPIRITUEL ET FIN, IL ÉCRIT DES TEXTES QUI MONTRENT UNE GRANDE CONNAISSANCE DE L'ÂME HUMAINE.

SILVIA, HÉROÏNE DE LA PIÈCE, S'INQUIÈTE DE SON MARIAGE ORGANISÉ PAR SON PÈRE AVEC LE FILS D'UN DE SES AMIS. ELLE S'EN OUVRE À SA SOUBRETTE LISETTE, EN DRESSANT TROIS PORTRAITS DE MARIS DONT LE COMPORTEMENT LAISSE À DÉSIRER.

~~~~~~

ACTE 1

Scène 1.
Silvia, Lisette

Silvia
Mais encore une fois, de quoi vous mêlez-vous, pourquoi répondre
de mes sentiments?

Lisette
C'est que j'ai cru que, dans cette occasion-ci, vos sentiments ressem-
bleraient à ceux de tout le monde; Monsieur votre père me demande si
vous êtes bien aise qu'il vous marie, si vous en avez quelque joie; moi
je lui réponds qu'oui; cela va tout de suite[1]; et il n'y a peut-être que
vous de fille au monde, pour qui ce oui-là ne soit pas vrai, le non n'est
pas naturel.

Silvia
Le non n'est pas naturel; quelle sotte naïveté! Le mariage aurait donc
de grands charmes pour vous?

Lisette
Eh bien, c'est encore oui, par exemple.

Silvia
Taisez-vous, allez répondre vos impertinences ailleurs, et sachez que
ce n'est pas à vous à juger de mon cœur par le vôtre.

Lisette
Mon cœur est fait comme celui de tout le monde; de quoi le vôtre
s'avise-t-il de n'être fait comme celui de personne?

Silvia
Je vous dis que si elle osait, elle m'appellerait une originale.

Lisette
Si j'étais votre égale, nous verrions.

---

1. *cela va tout de suite*: cela va de soi.

SILVIA

Vous travaillez à me fâcher, Lisette.

LISETTE

Ce n'est pas mon dessein ; mais dans le fond voyons, quel mal ai-je fait
20   de dire à Monsieur Orgon, que vous étiez bien aise d'être mariée ?

SILVIA

Premièrement, c'est que tu n'as pas dit vrai, je ne m'ennuie pas d'être
fille.

LISETTE

Cela est encore tout neuf.

SILVIA

C'est qu'il n'est pas nécessaire que mon père croie me faire tant de
25   plaisir en me mariant, parce que cela le fait agir avec une confiance
qui ne servira peut-être de rien.

LISETTE

Quoi, vous n'épouserez pas celui qu'il vous destine ?

SILVIA

Que sais-je ? Peut-être ne me conviendra-t-il point, et cela m'inquiète.

LISETTE

On dit que votre futur est un des plus honnêtes du monde, qu'il est
30   bien fait, aimable, de bonne mine, qu'on ne peut pas avoir plus d'esprit,
qu'on ne saurait être d'un meilleur caractère ; que voulez-vous de plus ?
Peut-on se figurer de mariage plus doux ? D'union plus délicieuse ?

SILVIA

Délicieuse ! Que tu es folle avec tes expressions !

LISETTE

Ma foi, Madame, c'est qu'il est heureux qu'un amant de cette espèce-
35   là, veuille se marier dans les formes ; il n'y a presque point de fille, s'il
lui faisait la cour, qui ne fût en danger de l'épouser sans cérémonie ;
aimable, bien fait, voilà de quoi vivre pour l'amour[1], sociable et

---

1. *voilà de quoi vivre pour l'amour* : voilà ce qui permet un amour durable.

spirituel, voilà pour l'entretien de la société[1]: pardi, tout en sera bon
dans cet homme-là, l'utile et l'agréable, tout s'y trouve.

SILVIA

40 Oui dans le portrait que tu en fais, et on dit qu'il y ressemble, mais
c'est un *on dit*, et je pourrais bien n'être pas de ce sentiment-là, moi;
il est bel homme, dit-on, et c'est presque tant pis.

LISETTE

Tant pis, tant pis, mais voilà une pensée bien hétéroclite[2]!

SILVIA

C'est une pensée de très bon sens; volontiers un bel homme est fat,
45 je l'ai remarqué.

LISETTE

Oh, il a tort d'être fat; mais il a raison d'être beau.

SILVIA

On ajoute qu'il est bien fait; passe.

LISETTE

Oui-da, cela est pardonnable.

SILVIA

De beauté, et de bonne mine je l'en dispense, ce sont là des agréments
50 superflus.

LISETTE

Vertuchoux[3]! si je me marie jamais, ce superflu-là sera mon
nécessaire.

SILVIA

Tu ne sais ce que tu dis; dans le mariage, on a plus souvent affaire
à l'homme raisonnable, qu'à l'aimable homme: en un mot, je ne lui
55 demande qu'un bon caractère, et cela est plus difficile à trouver qu'on
ne pense; on loue beaucoup le sien, mais qui est-ce qui a vécu avec

---

1. *voilà pour l'entretien de la société*: voilà qui aide l'harmonie de la vie conjugale.

2. *hétéroclite*: bizarre, singulière.

3. *Vertuchoux*: ancien juron qui marque la surprise, l'indignation.

lui? Les hommes ne se contrefont-ils[1] pas? Surtout quand ils ont de
l'esprit, n'en ai-je pas vu moi, qui paraissaient, avec leurs amis, les
meilleures gens du monde? C'est la douceur, la raison, l'enjouement
60   même, il n'y a pas jusqu'à leur physionomie qui ne soit garante de
toutes les bonnes qualités qu'on leur trouve. Monsieur un tel a l'air
d'un galant homme, d'un homme bien raisonnable, disait-on tous
les jours d'Ergaste: aussi l'est-il, répondait-on, je l'ai répondu moi-
même, sa physionomie ne vous ment pas d'un mot; oui, fiez-vous-y
65   à cette physionomie si douce, si prévenante, qui disparaît un quart
d'heure après pour faire place à un visage sombre, brutal, farouche
qui devient l'effroi de toute une maison. Ergaste s'est marié, sa
femme, ses enfants, son domestique[2] ne lui connaissent encore que ce
visage-là, pendant qu'il promène partout ailleurs cette physionomie
70   si aimable que nous lui voyons, et qui n'est qu'un masque qu'il prend
au sortir de chez lui.

LISETTE

Quel fantasque avec ces deux visages !

SILVIA

N'est-on pas content de Léandre quand on le voit? Eh bien chez lui,
c'est un homme qui ne dit mot, qui ne rit, ni qui ne gronde; c'est une
75   âme glacée, solitaire, inaccessible; sa femme ne la connaît point, n'a
point de commerce[3] avec elle, elle n'est mariée qu'avec une figure qui
sort d'un cabinet, qui vient à table, et qui fait expirer de langueur,
de froid et d'ennui tout ce qui l'environne; n'est-ce pas là un mari
bien amusant?

LISETTE

80   Je gèle au récit que vous m'en faites; mais Tersandre, par exemple?

---

1. *ne se contrefont-ils*: «On dit […] *Se contrefaire*, pour, Déguiser son caractère.» (*Dictionnaire de l'Académie française*, 5e édition, 1798)

2. *domestique*: «II N. (xvie) […] 3♦ N. m. vx Ensemble des domestiques d'une maison.»
(*Le Petit Robert 1*)

3. *n'a point de commerce*: ne communique pas.

SILVIA

Oui, Tersandre ! Il venait l'autre jour de s'emporter contre sa femme,
j'arrive, on m'annonce, je vois un homme qui vient à moi les bras
ouverts, d'un air serein, dégagé, vous auriez dit qu'il sortait de la
conversation la plus badine ; sa bouche et ses yeux riaient encore ;
85 le fourbe ! Voilà ce que c'est que les hommes. Qui est-ce qui croit
que sa femme est à plaindre avec lui ? Je la trouvai toute abattue, le
teint plombé, avec des yeux qui venaient de pleurer, je la trouvai,
comme je serai peut-être, voilà mon portrait à venir, je vais du
moins risquer d'en être une copie ; elle me fit pitié, Lisette : si j'allais
90 te faire pitié aussi ! Cela est terrible ! qu'en dis-tu ? Songe à ce que
c'est qu'un mari.

LISETTE

Un mari ? c'est un mari ; vous ne deviez pas finir par ce mot-là, il me
raccommode avec tout le reste.

19. *Comparez les qualités que Camille et Silvia désirent retrouver
    chez un mari. Leurs attentes sont-elles comparables ?*

20. *Camille ne veut pas ressembler aux femmes de son couvent. À qui
    Silvia ne veut-elle pas ressembler ?*

Annexe I

TABLEAU SYNOPTIQUE D'ALFRED DE MUSSET ET DE SON ÉPOQUE

* Au Québec ou au Canada.

	Vie et œuvre d'Alfred de Musset	Contexte culturel	Contexte historique
1789			Début de la Révolution française.
1799			Fin de la Révolution française. Napoléon Bonaparte prend le pouvoir en France.
1801		François René de Chateaubriand, *Génie du christianisme*.	
1802		Naissance de Victor Hugo. François René de Chateaubriand, *René*. * Joseph Quesnel, *L'Anglomanie ou le dîner à l'angloise*, comédie en un acte et en vers.	Napoléon Bonaparte est nommé consul à vie. Création de la Légion d'honneur.
1804	Naissance à Paris de Paul-Edme de Musset. Homme de lettres, il sera un fervent admirateur de son frère, Alfred de Musset.	Naissance à Paris d'Aurore-Lucile Dupin (connue sous le pseudonyme de George Sand).	Premier Empire. Napoléon est sacré empereur. Adoption, en France, du code civil dit Napoléon, qui régit encore une bonne partie du droit civil québécois.

	Vie et œuvre d'Alfred de Musset	Contexte culturel	Contexte historique
1806		Mort de Carmontelle (Louis Carrogis), célèbre auteur de petites comédies intitulées *Proverbes*.	
1810	Naissance à Paris de Louis Charles Alfred de Musset, le 11 décembre.		
1814			Abdication de Napoléon Ier et exil de celui-ci à l'île d'Elbe.

Première Restauration sous Louis XVIII. |
| 1815 | | | Les Cent-Jours.

Napoléon tente de rétablir l'Empire.

Défaite à Waterloo et exil obligé de Napoléon à l'île Sainte-Hélène.

Seconde Restauration. |
| 1819 | Naissance d'Hermine, sœur de Musset. | Théodore Géricault, *Le Radeau de la Méduse*. | |
| 1821 | Musset reçoit le premier prix de version latine, au collège Henri-IV où il étudie. | | Mort de Napoléon à l'île Sainte-Hélène.

* Fondation de l'Université McGill. |

	Vie et œuvre d'Alfred de Musset	Contexte culturel	Contexte historique
1822		Eugène Delacroix, *La Barque de Dante*. Stendhal, *De l'Amour*. Victor Hugo, *Odes*. Franz Schubert, *Symphonie inachevée*. Charles Nodier, *Trilby*.	
1823		Théodore Leclercq, *Proverbes dramatiques* (1823-1826). Le romantisme, comme courant, prend forme.	
1824		Fondation du Cénacle romantique avec Charles Nodier et Victor Hugo. Eugène Delacroix, *Le Massacre de Scio*. Naissance d'Alexandre Dumas, fils.	Mort, à Paris, de Louis XVIII. Charles X lui succède.
1825		* Construction du Théâtre Royal, le premier théâtre de Montréal.	

	Vie et œuvre d'Alfred de Musset	Contexte culturel	Contexte historique
1827	Élève en philosophie, Musset obtient le premier prix de philosophie, le deuxième prix de dissertation française ainsi que le deuxième prix de dissertation latine du Concours général des collèges. Musset commence des études de droit et de médecine, qu'il ne termine pas. Il s'intéresse au dessin et à la musique.	Victor Hugo, *Cromwell*.	
1828	Musset fréquente les salons. Il est reçu à l'Arsenal, chez Nodier, et est introduit au Cénacle romantique chez Victor Hugo. Il fait la rencontre de Vigny, Mérimée et Sainte-Beuve. Publication de *L'Anglais mangeur d'opium* d'après l'œuvre de Thomas Quincey.	Alexandre Dumas, *Les Trois Mousquetaires*. Sainte-Beuve, *Tableau historique et critique de la poésie française et du théâtre français au XVIe siècle*. Naissance de Jules Verne.	

	Vie et œuvre d'Alfred de Musset	Contexte culturel	Contexte historique
1829	Publication des *Contes d'Espagne et d'Italie*, dont la fameuse « Ballade à la lune », et de la pièce *Les Marrons du feu*.	Fondation de *La Revue des Deux Mondes* par François Buloz. Victor Hugo, *Les Orientales*. 30 septembre : réunion du Cénacle romantique. On y fait la lecture de la pièce *Hernani* de Victor Hugo.	
1830	Annulation de la représentation de la pièce *La Quittance du diable*, à cause des troubles révolutionnaires de juillet. Représentation et échec cuisant de *La Nuit vénitienne* au théâtre Odéon. Musset renonce à écrire des pièces pour la scène.	Théodore Leclercq, *Nouveaux proverbes dramatiques*. 25 février : première, à la Comédie-Française, de la pièce *Hernani* de Victor Hugo. On appelle ce soir de première houleux la « bataille d'*Hernani* ».	27, 28 et 29 juillet : insurrection à Paris, appelée « Les Trois Glorieuses ». Abdication de Charles X. Règne de Louis-Philippe, roi des Français. Début de la monarchie de Juillet.
1831		George Sand et Jules Sandeau, *Rose et Blanche*. Victor Hugo, *Notre-Dame de Paris*. Eugène Delacroix, *La Liberté guidant le peuple*.	⋆ Alexis de Tocqueville, penseur politique français, vient au Bas-Canada.

	Vie et œuvre d'Alfred de Musset	Contexte culturel	Contexte historique
1832	Décès de Victor Donatien de Musset-Pathay, père de Musset. Publication d'*Un spectacle dans un fauteuil*, en 1833. Ce recueil comprend un drame, *La Coupe et les Lèvres*, une comédie, *À quoi rêvent les jeunes filles*, et un conte oriental, *Namouna*.	George Sand, *Indiana*. Charles Nodier, *La Fée aux miettes*.	Épidémie de choléra en France.
1833	Début de la longue collaboration de Musset à *La Revue des Deux Mondes*. Publication d'*André del Sarto* et des *Caprices de Marianne*. Juin : rencontre de Musset avec la femme de lettres George Sand. Juillet : début de sa liaison avec Sand. Août : séjour de huit jours des amants à Fontainebleau. Musset est victime d'une crise hallucinatoire. Décembre : Sand et Musset partent pour l'Italie.	George Sand, *Lélia*. Honoré de Balzac, *Eugénie Grandet* et *Ferragus*.	Abolition de l'esclavage en Angleterre.

	Vie et œuvre d'Alfred de Musset	Contexte culturel	Contexte historique
1834	Publication de *Fantasio*. Février : Musset tombe malade. Sand fait venir à son chevet le docteur Pagello. Liaison entre Sand et Pagello. Séparation de Musset et Sand. Avril : retour de Musset à Paris. Longue correspondance avec George Sand, restée en Italie. Juillet : publication d'*On ne badine pas avec l'amour*. Publication d'une nouvelle édition d'*Un spectacle dans un fauteuil* en deux tomes. Le premier comprend *Lorenzaccio* et *Les Caprices de Marianne* ; le second réunit *André del Sarto, Fantasio, On ne badine pas avec l'amour* et *La Nuit vénitienne*. Octobre : Musset et Sand renouent, mais rompent à nouveau en décembre.	Sainte-Beuve, *Volupté*.	* Abolition de l'esclavage au Canada.

	Vie et œuvre d'Alfred de Musset	Contexte culturel	Contexte historique
1835	Rupture définitive de Musset avec George Sand. Publication de *La Quenouille de Barberine* et du *Chandelier*. Brève liaison de Musset avec madame Jaubert qui se transformera en une amitié durable.	Honoré de Balzac, *Le Père Goriot*. Hans Christian Andersen publie ses premiers contes.	
1836	Publication du célèbre roman *La Confession d'un enfant du siècle*. Publication du proverbe *Il ne faut jurer de rien*.		
1837	Liaison de Musset avec Aimée d'Alton, cousine de madame Jaubert ; cette liaison durera deux ans et demi. Publication du proverbe *Un caprice* et des deux nouvelles *Emmeline* et *Les Deux maîtresses*.	* Philippe Aubert de Gaspé fils publie le premier roman québécois, *L'Influence d'un livre*. Mérimée, *La Vénus d'Ille*.	* 1837-1838 : rébellion des Patriotes au Québec (le Canada français à l'époque).
1838	Aimée d'Alton propose le mariage à Musset ; celui-ci refuse. Publication des nouvelles *Frédéric et Bernerette*, *Le Fils du Titien* et *Margot*.	Victor Hugo, *Ruy Blas*.	Invention du daguerréotype par Jacques Daguerre, qui suit l'invention de la photographie par Nicéphore Niepce en 1826.

	Vie et œuvre d'Alfred de Musset	Contexte culturel	Contexte historique
1839	Publication de la nouvelle *Croisilles*. Musset est victime d'une crise dépressive.	Frédéric Chopin, *Préludes*. Honoré de Balzac, *Splendeurs et misères des courtisanes*. Stendhal, *La Chartreuse de Parme*.	∗ Le rapport Durham recommande l'union du Haut et du Bas Canada ainsi que l'anglicisation des Canadiens français.
1840	Musset est gravement malade. Publication de *Comédies et proverbes* et de *Poésies complètes*.	Franz Listz, début des *Rhapsodies hongroises*.	∗ Le français n'est plus considéré comme une langue officielle au Canada.
1841		Victor Hugo est élu à l'Académie française.	
1843	Musset tombe à nouveau malade.		
1844	Musset souffre d'une pleurésie.	Mort de Charles Nodier. Alexandre Dumas, *Le Comte de Monte-Cristo*.	∗ Montréal devient la capitale du Canada.
1845	Musset obtient, en même temps que Balzac, la Légion d'honneur. Musset souffre d'une fluxion de poitrine (pneumonie). Longue convalescence à la campagne. Publication du proverbe *Il faut qu'une porte soit ouverte ou fermée* et de la nouvelle *Mimi Pinson*.	Prosper Mérimée, *Carmen*.	

	Vie et œuvre d'Alfred de Musset	Contexte culturel	Contexte historique
1846		George Sand, *La Mare au diable*. * Patrice Lacombe, *La Terre paternelle*.	
1847	Présentation d'*Un caprice* à la Comédie-Française, qui connaît un très grand succès.		
1848	Présentation dans divers théâtres de Paris de quatre pièces de Musset : *Il faut qu'une porte soit ouverte ou fermée*, *Il ne faut jurer de rien*, *Le Chandelier* et *André del Sarto*.	George Sand, *La Petite Fadette*. François René de Chateaubriand, *Mémoires d'outre-tombe*. Alexandre Dumas fils, *La Dame aux camélias*. Mort de François René de Chateaubriand.	Émeutes à Paris. Abdication de Louis-Philippe. Début de la IIᵉ République. * Le français devient, avec l'anglais, langue officielle au Canada.
1849	Présentation à la Comédie-Française d'*On ne saurait penser à tout*. Début d'une liaison avec l'actrice française madame Allen (Marie-Thomase-Amélie Denaunay).		
1850	Publication de la pièce *Carmosine*. Publication de *Poésies nouvelles*.	Mort d'Honoré de Balzac. Naissance de Guy de Maupassant.	
1851	Représentation des *Caprices de Marianne* à la Comédie-Française et de *Bettine* au Gymnase.	Mort de Théodore Leclercq.	Proclamation par Napoléon III (neveu de Napoléon Iᵉʳ) de la restauration de l'Empire.

	Vie et œuvre d'Alfred de Musset	Contexte culturel	Contexte historique
1852	La santé de Musset va de mal en pis. Élection de Musset à l'Académie française. Liaison de Musset avec la femme de lettres Louise Colet; cette liaison durera environ six mois.		Début du Second Empire. Vol du premier dirigeable, par Henri Giffard. * Fondation de l'Université Laval.
1854		George Sand, *Histoire de ma vie*.	L'Allemand Heinreich Göbel invente l'ampoule électrique.
1855	Parution de la pièce *L'Âne et le Ruisseau*.		Première exposition universelle de Paris.
1857	Mort d'Alfred de Musset à Paris, le 2 mai. Les obsèques ont lieu à l'église Saint-Roch. Il est enterré au cimetière du Père-Lachaise, en présence d'une trentaine de personnes.	Baudelaire, *Les Fleurs du mal*.	Éclairage au gaz des grands boulevards à Paris. * Ottawa est désignée capitale du Canada.
1859	Janvier - mars: publication dans *La Revue des Deux Mondes* d'*Elle et Lui* de George Sand. Avril: en riposte, publication de *Lui et Elle* de Paul de Musset. Août: publication de *Lui* de Louise Colet.	Victor Hugo, *La Légende des siècles*. Pierre Larousse, *Nouveau Dictionnaire de la langue française*. Charles Darwin, *De l'origine des espèces par voie de sélection naturelle* (traduit en français en 1865).	

	Vie et œuvre d'Alfred de Musset	Contexte culturel	Contexte historique
1860	Publication par Paul de Musset des *Œuvres posthumes*.		
1861	Première représentation d'*On ne badine pas avec l'amour* à la Comédie-Française (version remaniée par Paul de Musset). Mariage d'Aimée d'Alton avec Paul de Musset.		
1862		Victor Hugo, *Les Misérables*.	
1865-1866	Édition par Paul de Musset des *Œuvres complètes* d'Alfred de Musset, en dix volumes.		
1870		Jules Verne, *20 000 lieues sous les mers*.	Guerre franco-prussienne. Déchéance de Napoléon III et instauration de la IIIe République.
1871		Arthur Rimbaud, « Le bateau ivre ».	Armistice et traité de Francfort par lequel la France perd l'Alsace et la Lorraine.
1876		Mort de George Sand à sa résidence de Nohant.	* Établissement d'une succursale de l'Université Laval à Montréal. Elle deviendra l'Université de Montréal en 1920.

	Vie et œuvre d'Alfred de Musset	Contexte culturel	Contexte historique
1877	Publication par Paul de Musset de la *Biographie d'Alfred de Musset*.	Gustave Flaubert, *Trois Contes*.	* Des étudiants de l'Université McGill écrivent les règlements du hockey.
1880	Mort de Paul de Musset.	* Louis Fréchette est lauréat de l'Académie française. * Naissance de Louis Hémon, le 12 octobre. * La comédienne française Sarah Bernhardt reçoit un accueil triomphal à Montréal.	* Adolphe-Basile Routier écrit les paroles de l'hymne « Ô Canada ». Calixa Lavallée en compose la musique.
1917	Représentation de la version originale d'*On ne badine pas avec l'amour*.		* Le gouvernement canadien vote la conscription.
1959	Représentation célèbre d'*On ne badine pas avec l'amour*, au Théâtre national populaire, avec Gérard Philipe dans le rôle de Perdican.	Uderzo et Goscinny, *Astérix le Gaulois*.	* Mort du premier ministre du Québec Maurice Duplessis.
1964	* Représentation de la pièce à Montréal, au Théâtre du Rideau vert, dans une mise en scène de Jean Faucher.	* Fondation de la Nouvelle Compagnie Théâtrale (NCT), qui deviendra le Théâtre Denise-Pelletier en 1977.	Début des bombardements américains sur le Viêtnam-du-Nord.

	Vie et œuvre d'Alfred de Musset	Contexte culturel	Contexte historique
1990-1991	* Représentation de la pièce à Montréal, au Théâtre du Nouveau Monde, dans une mise en scène d'Olivier Reichenbach. * Représentation de la pièce à Québec, au Théâtre du Trident, dans une mise en scène d'Albert Millaire.		
1997	* Représentation de la pièce à Montréal, au Gesù, dans une mise en scène de Danielle Fichaud.		

Annexe II

GLOSSAIRE DES NOTIONS LITTÉRAIRES

Anaphore

Figure d'insistance qui consiste en une répétition d'un ou plusieurs mots en début de plusieurs vers, phrases, propositions, syntagmes, etc. On parle d'anaphore quand les éléments touchés par cette répétition sont successifs ou très rapprochés, ce qui ajoute une dimension visuelle à l'effet de la figure. L'anaphore marque le rythme, souligne une idée obsessive ou cruciale, facilite la lecture de phrases très longues.

Antiphrase

Figure de substitution qui consiste à laisser entendre le contraire de ce que l'on pense, qu'elle porte sur un seul terme ou sur toute une phrase. C'est une des figures privilégiées de l'ironie. On a généralement besoin du contexte pour comprendre l'antiphrase.

Argument **ad personam**

Argument qui, s'écartant du sujet débattu (les arguments *ad rem*) et des arguments invoqués par un interlocuteur (les arguments *ad hominem*), s'attaque plutôt à sa vie privée et à sa personne, en vue de le réfuter, voire de le disqualifier.

Argumentation

Se dit d'un ensemble d'idées, d'exemples, dont le but est de convaincre de la vérité ou de la justesse d'un point de vue énoncé.

Badinage (badiner)

Propos légers, plaisants qui traduisent une attitude frivole. Bien que souvent associé au marivaudage*, le badinage se contente d'être un mode d'expression et d'action.

Champ lexical

Ensemble de mots qui, dans un texte, appartiennent au même thème ou sous-thème. Ces mots ont en commun d'évoquer, chacun à leur manière, divers aspects d'une réalité. On parle de champ lexical dans un contexte donné quand plusieurs mots renvoient à une même idée.

Chœur
Groupe de personnages (appelés *choreutes* dans la tragédie grecque) dirigé par le chef du chœur (appelé *coryphée*), lequel intervient par le chant, la danse ou la parole dans l'action dramatique, sans y participer.

Comédie
Désignant à l'origine toutes les pièces de théâtre, le mot s'est spécialisé, depuis le XVIIe siècle, et s'applique uniquement aux pièces de théâtre dont le but est de divertir et dont le dénouement est heureux.

Comique (Tonalité)
Ensemble des procédés utilisés par un auteur pour faire rire. La tonalité comique peut se dégager d'un texte qui emploie, entre autres exemples, l'humour, l'ironie, la caricature, l'absurde, etc. On la retrouve évidemment, mais pas exclusivement, dans les comédies.

Comparaison
Figure de rapprochement établissant un rapport analogique entre deux termes ou idées différents (le comparant et le comparé), dont on fait ressortir une caractéristique commune (qu'elle soit implicite ou explicite) à l'aide d'un outil de comparaison (conjonction, adjectif ou verbe comparatifs).

Connotation
Sens subjectif d'un mot dans un contexte donné, qui n'est pas forcément retenu par le dictionnaire, mais qui est partagé culturellement par un ensemble de personnes (groupe social, groupe d'âge, etc.). La connotation peut varier selon les individus, les époques, les lieux géographiques, etc. Un champ lexical peut révéler une connotation particulière dans un texte.

Côté cour, côté jardin
De la salle et donc pour le spectateur, le côté jardin correspond au côté gauche de la scène et le côté cour à celui de droite : l'ordre des majuscules du nom **J**ésus-**C**hrist permettra de le retenir.

Décor

Organisation spatiale de la scène où les acteurs évoluent. C'est «le costume de la pièce» (Louis Jouvet, 1887-1951).

Description

Représentation détaillée d'objets, de lieux, de personnages (voir Portrait). Si l'auteur se contente de donner à voir les objets, le décor, on dira que la description est réaliste; s'il essaie de faire ressentir une émotion, de teinter les objets ou le décor d'une certaine affectivité, on dira que la description est symbolique.

Didascalie

Dans une œuvre théâtrale ou un scénario, texte qui sert à indiquer au lecteur (à l'acteur, au metteur en scène, etc.) le nom des personnages, leurs déplacements et l'intonation de leur voix, à préciser le temps et le lieu où se déroule l'action, les changements de décor, etc.

Énumération

Figure d'insistance consistant à juxtaposer au moins trois termes de même nature grammaticale ou syntaxique à l'intérieur d'une même phrase. L'énumération peut être graduée ou non (voir Gradation).

Exposition (Scène d')

Scène au début d'une œuvre dramatique, souvent la première, qui présente le sujet, les personnages et qui, dans le théâtre classique, indique aussi le temps et le lieu de l'action. Elle comprend généralement ce qui est nécessaire à la compréhension de la situation initiale.

Figures de style

Aussi appelées *procédés rhétoriques*, ces figures peuvent jouer sur la sonorité des mots, sur leur(s) sens, sur la syntaxe ou encore sur la mise en perspective des idées. Plus d'un procédé peut être appliqué à un énoncé.

Figures de substitution

Ensemble de figures qui substituent l'un par l'autre deux réalités, deux concepts, deux personnages, etc. La métonymie, la périphrase, la synecdoque sont autant de figures de substitution.

Gradation

Figure d'insistance s'apparentant à l'énumération, la gradation est la juxtaposition d'au moins trois termes, organisée de manière ascendante ou descendante selon une progression en nombre, en taille, en intensité, etc.

Grotesque

Tonalité tragicomique marquée par la dérision, caricaturant parfois la réalité au point de verser dans le bizarre et le fantastique, ou la bouffonnerie. Se dit aussi d'un personnage caricatural sans pensée propre et dont le comportement prête à rire.

Hyperbole

Figure d'insistance qui met en relief un mot ou une idée par une exagération, traduite notamment par l'emploi de termes excessifs, l'emphase, afin de produire une forte impression.

Lyrique (Tonalité)

On retrouve cette tonalité dans les textes exploitant le vocabulaire des émotions et des sentiments intérieurs, ceux du moi de l'auteur (en poésie souvent) ou d'un personnage narrant son aventure et exprimant ses états d'âme.

Lyrisme

Expression des sentiments et des émotions personnels ou collectifs dans une langue qui, contrairement à la description et à l'explication, s'adresse à la sensibilité du lecteur. Le lyrisme est lié à l'usage du *je* et traduit l'intimité.

Marivaudage

Traditionnellement défini comme un propos, un manège de galanterie délicate et recherchée (tel qu'on le retrouve dans l'œuvre de Marivaux), il évoque en fait une évolution subtile de la pensée suscitée et révélée par l'emploi des mots. Souvent, dans le marivaudage, un mot présent dans une réplique donnera naissance à une nouvelle réplique, de sorte que le dialogue entre les personnages semble se construire à mesure que les phrases sont prononcées.

Métaphore

Figure de rapprochement qui établit un rapport d'analogie entre deux termes – de façon allusive – sans outil de comparaison. Il s'agit d'une comparaison implicite, d'une image condensée qui fusionne le comparé et le comparant. On parle de *métaphore filée* lorsque la métaphore initiale se poursuit en une série d'images convergentes qui l'enrichissent. La métaphore est dite *usée* quand elle a perdu toute originalité à force d'être répétée. Exemple : le disque d'argent pour désigner la lune.

Opposition

Terme assez général qui désigne tout type de contraste intervenant dans le texte, que ce soit sur le plan syntaxique, sur celui des personnages ou sur tout autre plan.

Parodie

Travestissement comique d'une œuvre d'art, en reprenant ou en inversant les caractéristiques de celle-ci. Se dit aussi de la caricature de types de personnes afin d'en faire ressortir le côté ridicule.

Paronomase

Figure de rhétorique qui consiste à rapprocher, dans une phrase, des mots dont le son est à peu près semblable, mais dont le sens est différent.

Pathétique (Tonalité)

Ensemble des procédés utilisés par un auteur pour susciter des émotions puissantes, à savoir la tristesse, la pitié, la souffrance, etc. Elle est fréquente dans la tragédie, plus rare dans la comédie.

Pléonasme

Figure d'insistance qui consiste à employer deux mots ou expressions ayant un sens semblable, dont le sens du second est redondant par rapport au premier.

Protagoniste

Personnage qui tient le premier rôle dans une œuvre dramatique, narrative ou cinématographique.

Romantisme

Courant littéraire de la période 1820-1850 où dominent, entre autres, le lyrisme, le drame, le désir d'évasion, le sentiment de la fatalité.

Satire

Écrit ou discours qui s'attaque aux défauts ou travers littéraires ou moraux d'individus, en s'en moquant. Se dit aussi d'une critique moqueuse.

Satirique (Tonalité)

Ensemble de procédés utilisés par un auteur qui dénonce de façon caustique les défauts d'une personne, l'étrangeté d'un comportement ou encore l'aspect ridicule d'une situation.

Scène

Terme désignant une unité de texte narratif ou dramatique fondée sur une action ou sur un dialogue complet. Au théâtre, le mot désigne une partie, la division d'un acte.

Sonorité

Qualité spécifique d'un son. En poésie, les procédés sonores (appelés aussi *musicaux*) les plus connus sont l'assonance et l'allitération, qui ont des effets suggestifs comme l'harmonie imitative et l'onomatopée.

Sublime

Terme désignant ce qui, dans la grandeur, la noblesse et la puissance d'un acte ou d'un personnage, dépasse de façon fulgurante le beau et le parfait pour atteindre un instant l'idéal, tant sur les plans moral et intellectuel qu'esthétique. Il est le contraire du grotesque* et suscite l'admiration.

Symétrie

Correspondance de grandeur, de forme et de position entre des parties, dont les proportions traduisent un équilibre parfait.

Thème

Sujet qui se focalise autour d'un mot abstrait (amitié, bonheur, etc.), lequel exprime le propos du texte. Il est rarement exposé clairement.

Le lecteur doit l'inférer par les descriptions, les images, etc., et le formuler afin de saisir l'orientation du texte.

Tirade

Au théâtre, longue réplique dite sans interruption qui, contrairement au monologue, est adressée à un interlocuteur.

Tonalité

Atmosphère générale créée par un ensemble de mots, de tournures, de procédés, etc. La tonalité tient de la connotation, mais s'applique à un réseau d'éléments linguistiques dépassant le simple lexique et contribuant à un même effet. Sont parfois utilisés les mots *climat, registre* ou *style* pour désigner une tonalité. *Ton* s'applique plutôt à une réplique, une phrase, une expression, un mot, il entraîne un état affectif particulier chez le lecteur.

Tragique (Tonalité)

Ensemble des procédés utilisés par un auteur pour susciter une émotion sans doute moins violente que dans le cas de la tonalité pathétique*, mais qui fait ressortir l'inexorabilité du destin et qui, la plupart du temps, ne laisse entrevoir que la mort comme issue à une situation donnée.

Unités (Règle des trois)

Règle classique exigeant que la tragédie ou la comédie respecte l'unité d'action (une seule intrigue avec, occasionnellement, des intrigues secondaires), l'unité de lieu (un seul espace scénique) et l'unité de temps (une durée maximale de vingt-quatre heures).

Médiagraphie commentée

ŒUVRES THÉÂTRALES DE MUSSET

On ne badine pas avec l'amour, coll. « Folio théâtre », Paris,
Éditions Gallimard, 1990, 160 pages.
> *Édition de référence utilisée pour l'établissement du texte
> présenté ici.*

Théâtre complet, édition établie, annotée et commentée
par Simon Jeune, coll. « Bibliothèque de La Pléiade », Paris,
Éditions Gallimard, 1990, 1424 pages.
> *Édition soignée avec, entre autres, des pièces non encore
> recueillies ou posthumes.*

OUVRAGE PORTANT SUR ALFRED DE MUSSET

LESTRINGANT, Frank. *Musset*, Paris, Flammarion, 1998,
799 pages.
> *Ouvrage conseillé pour en savoir plus sur Musset, tant
> l'homme que ses œuvres.*

**OUVRAGES PORTANT SUR L'HISTOIRE D'AMOUR
ENTRE GEORGE SAND ET ALFRED DE MUSSET**

Lettres d'amour de George Sand et d'Alfred de Musset, coll. « Savoir :
Lettres », Paris, Hermann, Éditeurs des sciences et des arts, 1996,
169 pages.
> *Ouvrage qui contient l'impressionnante correspondance
> de Sand et de Musset. Il ne faut pas oublier de lire la préface
> de Françoise Sagan.*

CHOVELON, Bernadette. *Dans Venise la rouge : les amours
de George Sand et Musset*, Paris, Éditions Payot et Rivages,
1999, 174 pages.
> *Ouvrage qui raconte la turbulente histoire d'amour entre Sand
> et Musset, en s'attardant sur leur voyage à Venise, avec un léger
> préjugé favorable pour Sand.*

SITES INTERNET SUR ALFRED DE MUSSET ET GEORGE SAND

[http://www.musset-immortel.com]
Site très complet sur Musset avec biographie, portraits, anecdotes, correspondances, etc.

[http://www.georgesand.culture.fr/]
Très beau site consacré à Sand, avec notamment une lecture de déclarations d'amour que Musset lui a faites et un chapitre consacré à leurs amours tumultueuses.

[http://www.evene.fr/celebre/biographie/alfred-de-musset-41.php?citations]
Site renfermant 134 citations de Musset. À consulter pour en savoir plus sur les mots de Musset.

FILMOGRAPHIE

Civanyan, Éric. *Il ne faut jurer de rien*, France, 2007, 95 min.
Film écrit à partir du proverbe de Musset Il ne faut jurer de rien (1836) et mettant en vedette Gérard Jugnot et Jean Dujardin. Il est à noter qu'une des scènes finales du film reprend la dernière et célèbre tirade de Perdican de la scène 5 de l'acte II, mais sous forme de dialogue entre l'héroïne et le héros. Intéressant.

Kurys, Diane. *Les Enfants du siècle*, France, 1999, 135 min.
Très beau film mettant en vedette Juliette Binoche dans le rôle de George Sand et Benoît Magimel dans celui de Musset.

Lapine, James. *Impromptu*, Grande-Bretagne/France, 1991, 107 min.
Film divertissant qui s'appuie surtout sur les débuts de la relation entre Chopin et Sand. Sa ligne directrice est difficile à cerner, et Musset y apparaît grossier et arrogant. La distribution est toutefois alléchante avec Judy Davis en George Sand/Aurora, Mandy Patinkin en Alfred de Musset, Hugh Grant en Frédéric Chopin, Julian Sands en Franz Listz et Emma Thompson en duchesse d'Antan.